일본 선교의 빛과 그림자

그 가능성을 찾아서

일본 선교의

빛과 그림자

그 가능성을 찾아서

김안신 지음

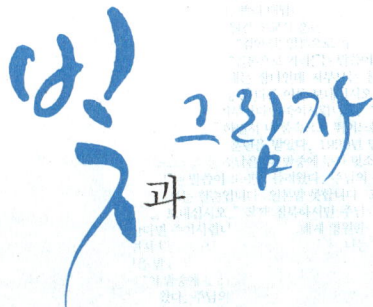

크리스챤서적

| 추천사 |

선교를 위해 태어난 전도자

김명혁 (강변교회 원로 목사, 한국복음주의협의회 회장)

　김안신 선교사는 하나님의 특별한 부르심을 받아 1990년 50세 때 한국의 목회지를 떠나 일본으로 건너갔다. 지난 23년 동안 일본 선교사로 살아오면서 복음화가 제대로 이루어지지 않는 것을 안타까워하며 그들과 함께 지내오면서 발견한 역사적 유산과 민족성과 정서, 습관과 가치관, 사고방식들을 안타까운, 그러나 애정 어린 마음으로 진솔하게 기술한다. 그러면서 그는 일본 복음화의 염원을 간절하게 표현하고 있다.

　김 선교사는 그동안 직·간접으로 만난 여러 일본인들이 예수님을 영접하고 삶이 변화된 희망적인 이야기들을 소개한다. 그리고 뉴라이프 운동을 통해 일본 여러 곳에서 복음화가 이루어지고 있음을 소개한다. 결국 일본 교회는 부흥의 가능성이 있다고 말하고 있다.

　김안신 선교사는 '선교를 위해 태어난 사람' 같다. 그의 글을 읽으면 그는 민족적이고 정치·문화·종교적인 차이를 뛰어넘어 오직 십자가와 구원의 복음을 모두에게 특히 일본 사람들에게 전하고자 하는 순수하고 애절한 사랑과 소원이 가득히 나타나 있음을 절감하게 된다.

　그는 이미 은퇴 나이가 지난 고령임에도 불구하고 남은 생애를 전부 일본 복음화에 바치고 있다. 그의 딸과 사위도 지금 일본 오키나와에서 선교사로 성실하게 사역하고 있다.

　김안신 선교사가 부록으로 첨부한 글인 '일본 단기 선교에 참여하는 형제 자매들에게'는 단기 선교 참여자들에게 주는 매우 귀중한 조언이라고 생각한다. '열정과 명철, 그보다 지혜와 온유를'이라는 제목 하에 '배우고 섬기려는 겸손한 마음 자세', '파송된 교회 담임 목사의 지시에 절대 순종', '물어가면서 가르쳐 주는 대로 행동', '서로 협력하고 연합하는 자세' 등 20여 가지의 조언들은 귀담아 들어야 할 아주 소중한 내용들이라고 생각한다. 세계 선교의 지도자였던 고故 랄프 윈터 박사가 단기 선교의 위험성을 지적하면서 단기 선교가 미국 복음주의교회의 5가지 죄악 중의 하나라고 지적한 일이 있기 때문이다.

나는 김안신 선교사의 진솔한 선교 수기를 읽으면서 순수한 감동을 받는 한편 나의 할 일들을 다짐해 본다. 나는 본래 반북 반일에 앞장섰던 사람이었고 반 모슬렘이었지만 언제부터인가 일본 교회와 교류하고 협력하는 데 앞장을 서게 되었고 북한 동포 돕는 일에 앞장을 서게 되었다. 모슬렘 나라들을 찾아가서 사랑과 도움의 손길을 펴는 데도 최선을 다하게 되었고, 중국 연변 지역의 고아들을 찾아가서 돕는 데도 최선을 다하게 되었다.

나는 1980년대부터 일본 교회의 지도자들과 친밀한 교제를 나누게 되었는데 그 절정은 1990년 8월 서울 충현교회에서 열린 '아시아 선교 대회'에 혼다 고지 목사님을 비롯한 일본 교회 지도자들 200여 명을 초청한 일이었고, 1991년 6월 4일부터 6일까지 일본 시오바라에서

개최된 '제3회 일본 전도대회'에 참석하여 주제 강연을 한 일이었다. '일본 전도대회'에는 일본 복음주의 교회의 목회자들 1,130여 명이 등록해서 참석했는데 그들 중에는 일본 교회의 대표적인 지도자들인 혼다 고지, 하토리, 이즈다, 야마구치, 즈타다, 이시카와, 후나키, 기시다 목사님 등이 있었다. 나는 그들의 진솔한 고백과 메시지를 들으면서 마음에 깊은 감동을 받았는데 마지막 날 저녁에는 '사역의 파트너십'이라는 제목으로 내가 주제 강연을 하게 되었다.

나는 가슴을 열어 진솔한 고백과 호소의 메시지를 전했는데 일본 목회자들이 마음을 열고 진지하게 응답한 데 대해 깊은 감동을 받았다. 상당수의 청중이 메시지를 들으면서 눈물을 흘렸다고 고백했다. 그 후 10여 년 이상 일본 교회 지도자들과 친밀한 교제와 협력을 지속해 왔다.

그런데 지난 10여 년 동안 일본 교회의 지도자들이 교체됨으로써 친밀한 교제와 협력이 이전만큼 지속되지 못한 것을 유감스럽게 생각한다. 그러나 앞으로 부족하지만 최선을 다해서 일본 교회 지도자들과 친밀한 교제와 협력을 증진하게 되기를 바라며 부족하지만 일본 복음화에 작은 심부름꾼이 되기를 간절히 소원한다.

귀한 선교 수기를 쓴 김안신 선교사님에게 감사를 드리며, 하나님의 은혜와 사랑과 위로와 축복이 늘 함께하시기를 기원하며 이 책을 추천한다.

복음의 싹을 가꾸고 꽃을 피우다

정태기 (목사, 학교법인 살림동산 대표, 크리스챤 치유상담연구원 원장)

　김안신 목사님만 생각하면 김준곤 목사님의 환하고 부드러운 미소가 겹쳐서 피어난다. 김준곤 목사님이 일본 선교의 씨를 뿌리셨다면 김안신 목사님은 일본 선교를 위한 싹을 가꾸고 꽃을 피우신 분이다.

　수백 년 동안 일본 선교가 얼마나 어려운 불모지였는지 전 세계 교회가 다 알고 있다. 일본 선교는 불가능하다고 세계 교회가 포기하고 있을 때 일본 선교에 소망을 확신하고 뛰어든 두 분이 김준곤 목사님과 김안신 목사님이다.

　초대 교회에도 불가능의 이방인 세계로 뛰어든 두 분이 있었는데 한 분은 예수님 그리고 또 한 분은 예수님의 명령 따라 목숨을 바친 사도 바울이었다.

　지금 김안신 목사님의 꿈과 기도와 헌신적인 사랑으로 얼어붙은 일본인의 마음이 녹아 가고 있다. 일본인의 가슴속에 김안신 목사님이 던진 복음의 폭탄이 터지고 있다.

　《일본 선교의 빛과 그림자》 이 책을 읽다 보면 김안신 목사님이 일본인들을 위해 얼마나 뜨겁게 기도하고 사랑했는가를 자세히 들을 수 있다. 이 책 가운데서 김준곤 목사님의 숨소리가 들리고 미소가 피어난다.

한국 교회의 체온이 일본을 뜨겁게 한다

이동휘(전주안디옥교회 원로 목사, 바울선교회 설립자)

　대학 졸업과 아울러 취직 자리까지 확보한 전도 양양한 젊은이가 천하를 얻은 설렘으로 고故 김준곤 목사님을 찾아갔다. 그런데 "김군은 전도해야 돼!" 단호한 음성으로 권위 있는 선포를 하는 것이었다. CCC간사로 15년, 목회자로 14년, 이어 일본 선교사로 23년을 바람처럼 달려온 김안신 선교사님의 소명 내력이다.

　늦은 나이에 일본 선교사로서의 출발 역시 심상치 않은 외곬 주문이었다. 주저할 수밖에 없는 그에게 "일본으로 갈 거냐, 내게로 올 거냐?" 다그치는 주님의 음성 앞에 부들부들 떨 수밖에 없었다. 죽기 싫으면 빨리 가라는 위협으로 들렸을 것이다. 전도가 자살한 나라, 목사와 선교사의 무덤이라는 간판을 하나님께서는 바꾸어 보고 싶으셨기 때문일 것이다. 죽기 아니면 살리기식 전도여야만 될 줄을 아신 하나님이시기에 부르시는 표현도 저돌적이셨다. 여름과 겨울에 대학생들이 수천 명씩 달려가 전도하는 뉴라이프 운동의 물결이 세차게 폭발될 것을 미리 아셨고, 그 감미로운 열매가 주렁주렁 맺힐 것을 보신 하나님께서 충성된 김안신을 쓰시고 싶으셨던 것이다. 동시에 부흥의 가능성이 일본에 24가지나 있다고 선포할 자를 찾으셨던 것이다. 그래서 남쪽 오키나와에서 북쪽의 홋카이도까지 주름잡아 적토마赤兎馬를 타고 달리는 장수의 기품으로 마구 외치고 또 부흥의 원천을 주저 없이 찾았다.

일본은 세계적인 성자 우치무라 간조內村鑑三와 가가와 도요히코賀川豊彦 같은 성인이 계셨던 존경스런 나라, 미우라 아야코三浦綾子 같은 일본을 제압하는 위대한 기독교 문학가가《빙점》,《길은 여기에》등 살았던 나라다. 그럼에도 불구하고 1%의 그리스도인이 채 못 되는 나라의 아픔을 가지신 하나님께서는 계속 오후 11시까지 일꾼을 마구 부르시는마 20:6 음성을 이 책에서 듣는 것 같다. 한국 교회의 뜨거운 열정이 일본 교회 성도들의 영적 온도를 높여주는 활력이 되고 있음도 한국 선교사를 계속 쓰시겠다는 신호다.

주님의 성전에서 찬송 부르다가 천국에 입성하신 아내의 영광스런 소천과 동시에 인간의 정이 싹둑 잘린 사무친 외로움으로 언어까지 잃는 것이 아닌가 하는 고독을 바로 하나님의 외로움으로 승화시키셨다.

다 가졌으나 가장 귀한 것을 못 가진 일본에 대한 안타까움을 품고 쉼 없이 달려가는 영원한 청춘 선교사님의 모습이 향기롭기만 하다.《일본 선교의 빛과 그림자》가 그림자를 지워버리는 복음의 빛이 되기를 바라는 마음 간절하다. 할렐루야!

겸손히 섬기는 안드레처럼

홍정길 (남서울은혜교회 원로 목사, 밀알복지재단 이사장)

김안신 목사님은 좋은 내 친구입니다. 예수님을 처음 영접했던 1965년부터 지금까지 우리는 아름다운 교제를 하며 살고 있습니다.

김 목사님은 성경의 인물 중 안드레를 좋아하는데, 그의 모습 또한 겸손히 남을 섬기는 안드레와 닮았습니다. 안드레와 같은 김 목사님! 그분과 함께 사역을 할 때면 저는 종종 베드로가 되기도 합니다. 그만큼 조용히 다른 사람을 잘 섬긴다는 말이겠지요.

목사님은 CCC 사역 후, 전주 동부교회의 성전을 아름답게 짓고 또 예본교회를 개척하여 대역사를 이루더니, 어느 날 훌쩍 일본 선교를 위해 떠났습니다. 섬김의 대상이었던 일본 사람들이 안드레와 같은 김 목사님과 얼마나 편하고 자유로운 영혼의 유형을 즐기며 함께 사역했을까 생각하니 상상만 해도 기쁩니다.

생애에 있어서 가장 중요한 시기와 사랑하는 사람을 먼저 천국에 보내는 가장 슬프고도 아픈 시기를 겪으면서도 어려움에 굴하지 않고 일본을 섬겼던 보고서가 이처럼 우리 앞에 다가서 있습니다. 이 책을 통해 많은 사람에게 우리 주 예수 그리스도를 본받아 섬김의 본이 된 김안신 형제를 만나시는 그런 계기가 되시길 바라며 기쁨으로 이 책을 추천합니다.

23년의 땀과 눈물이 복음으로

박성민 (목사, 한국 CCC 대표)

"일본으로 가라!"

하나님의 강력한 부르심으로 홀연히 일본으로 떠난 김안신 목사. 그가 홋카이도北海道에서 오키나와沖繩까지 일본 전역을 누비며, 복음을 전한 23년의 땀과 눈물이 이 책에 고스란히 담겨 있다. 김안신 목사가 직접 보고, 듣고, 경험한 일본의 생생한 모습을 볼 수 있고, '선교사의 무덤'이라 일컬어지는 일본에서 '가능성이 무한한' 일본 교회의 희망을 발견한 김안신 목사의 생생한 간증을 들을 수 있다.

또한 이 책에는 저자가 일본에서 실시했던 다양한 선교 방법이 소개되어 있다. 일본 교회에 신선한 충격을 준 뉴라이프새생명 운동부터 시작해서 다양한 전도 방법들은 일본 선교를 준비하고 있는 사람들에게 실제적인 지침이 될 것이다.

"일본 선교는 예나 지금이나 앞으로도 짊어지고 갈 십자가이자 내게 주어진 변함없는 소명이다."

이 소명으로 지금까지 일본 열도를 지켜온 김안신 목사. 그의 열정과 노력, 하나님의 성령의 역사가 잘 버물린 '성령 행전'이 여기 있다. 김안신 목사를 쓰신 주님을 찬양하며 이 책을 추천한다.

은혜 안에 누리는 복된 길을 걷는 삶

박영선 (남포교회 담임 목사)

이 책이 우리에게 일본 선교에 대해 소개해 주고 있다면, 저는 여기에서 김안신 선교사님을 소개하고 싶습니다. 김 선교사님과 저는 신학교 동기로, 우리는 벌써 40년 가까이 알아온 사이가 되었습니다. 그때부터 지금까지 한결같은 김 선교사님의 삶을 보며 기쁜 마음을 감출 수 없습니다.

선교사님의 일본 선교 보고를 읽어 보면, 그 사역은 마치 가벼운 차림으로 며칠 다녀오는 기분 좋은 유람 여행처럼 보입니다. 일본 선교의 어려움은 이구동성으로 누구나 인정하는 것인데도, 선교사님은 그간의 사역을 담백한 필치로 써내려 갑니다. 숱한 어려움을 헤치면서 지나온 길을 선교사님은 마치 아무렇지도 않은 일인 듯 말합니다. 맡겨진 일을 수행했을 뿐이라고, 어떤 과장도 없이 고백할 뿐입니다. 하나님이 이 모든 일의 주인이시며 그분이 인도하신다는 확신이 그 어떤 외침보다도 더 선명히 선교사님의 담담한 태도를 통해 증언되고 있습니다.

선교사님의 모습과 고백을 보며 기독교 신자의 삶이 무엇인지 다시금 깨닫게 됩니다. 우리가 부름 받은 길은 우리의 희생만을 요구받는 처절한 길이 아닙니다. 하나님께서 우리에게 주신 것은 복음, 말 그대로 기쁜 소식입니다. 후회와 회한, 절망과 좌절로 끝날 수밖에 없는 인류에게 하나님께서 사랑과 은혜로 찾아오십니다. 세상 어디에서도 찾아낼 수 없는 인생의 참된 영광이 여기에 있습니다. 선교사님의 사역은 그 복된 초대를 사람들에게 전하는 일이었습니다. 그 사역만이 아니라, 선교사님의 삶 자체가 회복된 삶, 하나님 안에서 누리는 풍성한 삶이 무엇인지를 그대로 보여주고 있습니다.

고난과 역경의 길, 그러나 은혜 안에 누리는 복된 길을 영광스럽고 명예롭게 뚜벅뚜벅 걸어간 선교사님의 삶에 마음의 갈채를 보냅니다.

| 프롤로그 |

선교지에서의 요청

나는 주님의 인도하심으로 목회를 시작하게 되면서, 15년간 학생 전도에서 얻은 경험을 토대로 주후 2010년까지 1천 명의 선교사를 협력하고 100개의 교회를 개척하겠다는 일념으로 혼신의 노력을 경주하였다.

하나님의 도우심으로 계획했던 것보다 더 놀라운 결과가 나타나서 보내는 선교사로서의 보람과 자부심을 갖게 되었다. 그러나 하나님의 계획하심은 그게 아니었다.

1986년 봄, 섬기던 교회에서 후원하는 일본 선교사가 먼 길 마다않고 찾아왔다. 그는 그동안 진행하고 있던 상황들을 보고하면서 말했다. "효과적인 일본 선교를 위해서는 학생 전도를 10년 이상 하고, 목회 경험이 10년 이상 되는 50대 목회자가 절실히 필요합니다." "그래요? 한번 찾아보지요."

그가 바라는 자격을 겸비한 목회자는 내가 아는 한 당시 한국 교회의 4인방이라고 손꼽히는 네 분밖에 없었다. 그 중 가장 친분 있는 목사를 찾아가 이 사실을 전하며 일본 선교사로 갈 마음이 없느냐고 물었다. "교인이 벌써 3천 명이 넘고 또 여러 가지 계획을 세우고 있어

서 저는 갈 수 없습니다. 다른 적임자를 찾아보시지요." 그 후 종종 그 선교사로부터 "목사님! 찾아보셨습니까?" 하는 연락을 받을 때마다 빚 독촉 받은 심정으로 기도만 계속했다.

주님의 부르심

1990년 만 50세가 되던 4월, 전주에서 목회할 때의 어느 날, 나는 한밤중 꿈속에서 이상한 음성을 들었다. 그것도 같은 시간대에 사흘간 연속으로 들려왔다. "김안신! 일본으로 가라!" 첫날은 "이 밤중에 누가 헛소리를 하는가? 새벽 예배 인도하려면 눈을 붙여야 하는데" 하고 밖을 내다봤다. 이튿날도 역시 짜증을 내며 문을 열어 보았다. 사흘째에도 여전히 "일본으로 가라!"는 말씀이 또렷이 들려왔다. 주님의 음성임을 직감하게 되었으나 나는 그곳에 갈 수 없는 이유를 찾아 열거하면서 거절했다.

"제 나이 50입니다. 장남이고 양친은 팔순입니다. 아내는 장녀인데 처부모는 칠순입니다. 일본말 못합니다. 교회에서 안 놓아줄 것입니다. 이미 일본 선교사 다섯 명을 돕고 있습니다. 일본은 왠지 마음이 열리지 않습니다. 저는 많이 부족합니다. 유능한 다른 이를 보내십시오."

　잠깐 침묵하시던 주님께서 최후 통첩같이 일갈하셨다. "오냐!! 그렇다면 네 앞에 두 길을 놓겠다. 일본으로 가겠느냐? 내게로 오겠느냐? 양자택일하라!", "제가 일본에 가길 거부한다면 죽이시렵니까?" "오냐, 네게 영원한 안식을 주겠다." 그 순간 연로하신 양가 부모님도 아내도 보이지 않고 딸 셋이 어렸을 때의 모습으로 "아빠! 아빠! 빨리 간다고 말씀드려. 빨리 대답해!" 하면서 내 품속으로 뛰어드는 게 아닌가. 나는 하나님의 부르심을 도저히 피할 수 없다는 생각에 교회를 사임하고 서둘러 서울로 이사했다. 그리고 그 해1990년 6월 미국으로 가서 2개월간 선교사 훈련을 받았다.

가는 선교사로

　하나님은 나를 보내는 선교사가 아닌 가는 선교사로 이미 못 지어 놓고 계셨다. '선교의 불모지요 미개한 조선 땅에 아펜젤러, 언더우드, 스크랜턴을 선교사로 보내셨던 것처럼' 내게는 파격적인 일이었으나 하나님 앞에서는 어떤 변명도 이유도 통하지 않는다는 사실 앞에서 나는 항복하고 말았다.

　선교사 훈련에서 귀국하는 대로 CCC로 돌아가 일본 선교사 파송장을 받았다. 하지만 두세 달이면 나온다는 비자가 좀처럼 나오지 않았다. 임신부의 입덧이 이런 것일까 하는 심정으로 괴로운 나날을 보내다가 175일 만에 비자를 받았다.

홋카이도에서 오키나와까지

나의 일본 선교는 이렇게 시작되고 진행되었다. 10년이면 강산이 변한다고 한다. 일본 땅을 밟은 지 어언 23년의 세월이 흘렀으니 강산이 두 번이나 바뀐 셈이다. 현지인 상대의 선교만 하며 보낸 시간들이다. 성삼위 하나님께서 부족한 나를 쓰셔서 일본 열도를 깨우려고 작정하신 이상, 어려움 속에서도 각고의 노력을 다하고자 했다.

홋카이도北海道에서 오키나와沖縄까지, 전국의 주요 도시를 순례하며 교회를 방문하고 목회자들을 만나게 하셨다. 시행착오도 많았지만 때마다 함께 해주신 하나님께서 일본 교회의 성장을 가로막는 장애 요인과 복음화의 가능성을 파악하고 일본 교회의 미래를 바라볼 수 있는 지혜와 용기를 주셨다.

20여 년을 돌아보며

　일본 선교 23년 – 보고, 듣고, 느끼고 생각했던 것들을 그때 그때 적은 편린들이다. 내 나름대로 일본과 일본인, 일본 교회와 일본 선교에 대해 썼으나 수박 겉핥기식의 판단일지도 모른다. 나 자신의 입장에서 독자 여러분이 일본 선교에 관심을 가져주기를 바라는 간절한 마음으로 피력한 글들이다.

　언제나 인도해 주시고 함께 해주신 주 하나님께 깊은 감사를 올린다. 또한 부족한 나를 진심으로 영접해 준 일본인 목회자들과 성도들의 따뜻한 마음은 결코 잊을 수 없을 것이다.

일본 선교 만 23년을 맞으며
2014년 1월 3일
김안신

| 차례 |

- 추천사 – 김명혁(강변교회 원로 목사, 한국복음주의협의회 회장) _ 4
  정태기(목사, 학교법인 살림동산 대표, 크리스찬 치유상담연구원 원장) _ 7
  이동휘(전주안디옥교회 원로 목사, 바울선교회 설립자) _ 8
  홍정길(남서울은혜교회 원로 목사, 밀알복지재단 이사장) _ 10
  박성민(목사, 한국 CCC 대표) _ 11
  박영선(남포교회 담임 목사) _ 12

- 프롤로그_ 14

1부_ 다 가졌으나 가장 귀한 것을 못 가진 나라

다 가졌으나 가장 귀한 것을 못 가진 나라_ 26 • House는 있어도 Home이 없다?_ 26 • 사랑의 빚_ 28 • 대답 안 할 권리_ 30 • 신新 문명병 환자들_ 32 • 빨간 신호등_ 34 • 장인 정신_ 35 • 오마모리 이야기_ 37 • 와리캉_ 39 • 왕모래 VS 진흙_ 41 • 수밀도_ 43 • 혼네와 다테마에_ 44 • 맞대고 싸우지 않는 사람들_ 46 • 쇠뿔을 20~30년 걸려 빼는 사람들_ 47 • 니혼고가 오죠즈데스네?_ 49 • 우치무라 간조_ 51 • 상처투성이의 일본인들_ 53 • 〈빙점〉의 저자 미우라 아야코_ 54 • 사고방식의 차이_ 58 • '와和' 중심의 사고_ 59

2부_ 내가 만난 일본인

미츠하시 목사와 '진도아리랑_ 62 • 기름 장수 나츠보리 씨_ 64 • 회장님은 하나님_ 66 • '여기 희망이 있다'는 전단지_ 69 • 생산 예산_ 70 • 호흡기 내과 전문의 미야기 박사_ 72 • 요시다 마유미 집사의 간증_ 74 • 이제나 미에코 씨의 간증_ 76 • 기타가마에서 일어난 다섯 가지 기적_ 80 • 한 신학교 졸업생의 코멘트_ 82

3부_ 가능성이 무한한 일본 교회

가능성이 무한한 일본 교회_ 86 • 유수한 D교단장의 탄식_ 88 • 전도가 자살한 나라(?)_ 90 • 성경에 목숨 건 신앙_ 91 • 이성 문제에 엄격한 일본 교회_ 93 • 세 번 기절한 후 네 마디 하고 포기_ 96 • 쓰는 목회자 VS 모으는 목회자_ 97 • 3B를 조심하시오_ 100 • 신단과 불단을 때려 부수는 선교사_ 101 • 무릎으로 목회한 선교사_ 103 • 선교는 인내의 싸움_ 105 • What? How? Who!_ 108 • 내 잔이 넘치나이다_ 109 • 오키나와 교계 최고 지도자의 비장한 당부_ 113 • 조찬 기도 전국연합회 칸토 지역 총회_ 115 • 일본 교회의 자체 힘으로는 안 됩니다_ 117

4부_ 일본 교회에 신선한 충격을 준 뉴라이프

뉴라이프의 시작_ 122 • 고베 남항구의 기적 소리와 이별의 눈물_ 123 • 할머니 목사의 탄식_ 125 • 2주 내내 예배당 수리, 건축하기_ 127 • 일본어 네 마디로 낚은 대어_ 128 • 야쿠자를 전도한 뉴라이프 팀원_ 130 • 전도지 10만 장 뿌리고 통곡한 목사_ 132 • 우리 교회는 6대 7대 8입니다_ 134 • 뉴라이프 초창기 5년간의 간증들_ 135 • 일본 교회에 신선한 충격을 준 뉴라이프_ 138 • 선한 경쟁_ 140 • "일본은 안 된다"는 말씀이 성경 어디에 기록되어 있습니까?_ 142 • K교단 지도자의 코멘트_ 143 • 당신은 사랑받기 위해 태어난 사람_ 145 • 악령이 쫓겨난 찬양 집회_ 147 • 한국 교회 부흥의 원류를 찾아서_ 149 • 이은식 형제의 순교적 죽음_ 151 • 오아시스 운동_ 152 • 자살 직전의 부부를 살린 전단지 한 장_ 154 • 오키나와에서 온 편지_ 156 • 시마부쿠로 사토미 씨의 간증 – 뉴라이프 한국 학생들을 맞이하여_ 158

5부_ 선교는 나무를 심는 것과 같다

고베 지진_ 162 • 평화봉사단-마게도냐로 건너와 우리를 도우래_ 164 • IMF와 고르반_ 167 • 선교를 위해 태어난 사람_ 168 • 티끌 모아 태산_ 171 • 편지_ 172 • 잃어버린 영혼을 위하여_ 174 • 내게 주어진 마지막 기회_ 176 • 동일본 대지진 – 결코 바다 건너 불이 아니다_ 179 • 팔은 안으로 굽는다?_ 181 • 참 선교사의 모범인 P목사_ 182 • 기쁨을 함께 나눌 수 없는 슬픔_ 185 • 절망과 희망의 차이_ 186 • 열정과 감격을 잃어버린 죄_ 188 • 선교의 십계명_ 189 • 선교는 나무를 심는 것과 같다_ 192

6부_ 예수 청년으로 살아온 발자취

오하요 고자이마스카?_ 196 • 목사의 사명_ 197 • 홈리스들과의 2년간_ 199 • 첫 번째 일본어 설교_ 202 • 미타카 학생 센터_ 203 • 여리고 작전_ 204 • 가장 아름다운 이별_ 206 • 재혼으로 인도하심_ 208 • 예수 청년 김안신이여!_ 210 • 믿음의 아비 김준곤 목사님의 마지막 당부_ 212

• 에필로그_ 216

부록: 일본 단기 선교에 참여하는 형제 자매들에게
— 열정과 명철, 그보다 지혜와 온유를

첫째, 마음가짐에 관한 사항_ 220 • 둘째, 의식주에 관한 사항_ 222 • 셋째, 봉사와 인간 윤리에 관한 사항_ 224 • 넷째, 신앙 윤리에 관한 사항_ 225 • 다섯째, 한·일 양국을 잇는 문화 사절단으로서의 사항_ 226 • 여섯째, 당부이자 부탁- 다음 다섯 가지를 기억하고 실천해 주시길_ 227

* 이 책의 본문 성경은 개역개정본을 사용하였습니다.

1부

다 가졌으나 가장 귀한 것을 못 가진 나라

다 가졌으나 가장 귀한 것을 못 가진 나라

일본은 모든 것을 다 가진 나라라고 말한다. 탁월한 기술로 개발한 상품들이 지구촌을 누비고 있다. 동서양을 막론하고, 또한 이데올로기나 종교에 관계 없이 Made in Japan은 세계시장을 석권하고 있다. 지상의 모든 나라에 진출해 있고 심지어는 국력의 신장으로 우주 개발에도 참여하고 있다.

어떤 일본인은 예수 믿고 천국 가라 권하면 "돈, 명예, 권세, 쾌락 등 무엇이나 손쉽게 얻을 수 있는 여기가 천국이니 나는 이 지상 천국에 만족한다"는 말로 구원의 복음을 일축해 버린다.

다 가졌어도 가장 귀한 것을 갖지 못한 나라 일본. 테레사 수녀가 "일본은 부유한 나라이지만 영적으로는 세계에서 가장 빈곤한 나라"라고 말한 것은 의미심장하다. 만물의 창조자요 근원이신 하나님을 갖지 못한 나라라는 뜻은 곧 만물의 주인이신 하나님은 모르면서 그분이 창조하신 물건으로 만족하고 있다는 말이다. 음식과 의복과 장난감 등을 잔뜩 가지고 기뻐 뛰놀면서도 막상 그 물건들을 주신 부모의 은혜를 모르고 사는 어린아이와 다를 바가 없다는 뜻이다.

House는 있어도 Home은 없다?

나는 1991년부터 2년간 혼자 살면서 가정, 특히 아내의 소중함을 뼈에 사무치도록 깨달았다. 매일 먹거리 준비하는 일도 문제였으나 그보다 훨씬 심각했던 것은 말 상대가 없는 점이었다. 벙어리가 되지 않을까 하는 염려가 들 정도였다. 그래서 날마다 전화하고 일주일이 멀다하게 편지를 썼다.

혼자 지내면서 신문이나 방송을 통해 일본에는 House는 있어도 Home은 없다는 사실을 알았다. 몸을 쉬는 여관이나 하숙집은 있어도 피로를 풀고 안식하는 진정한 의미에서의 가정이 없다는 말이다. 물론 한국이나 미국 등 다른 나라들보다 더 아기자기하고 아름다운 진정한 가정도 많이 있을 줄 안다.

그러나 청소년의 범죄 증가나 흉악범의 출처는 대부분 한부모가족에서 출발한다. 별거하거나 이혼한 가정에서 자란 자녀들이 사회 문제를 일으키는 장본인들이라는 보도를 수없이 접하게 된다. 이런 문제는 어느 나라나 마찬가지겠지만 일본이 더 심각한 것 같다.

"문명은 인간의 거리를 차압했다"는 말이 있다. 문명이 사람들의 관계를 박탈하거나 뭉개버리는 일이 얼마나 많은가? 게임기를 손에 든 청소년들에게 따뜻한 대화는 존재하지 않는다. 컴퓨터 앞에서 밤을 새고 새벽을 사는 사람들의 인간 관계란 기계와 기계와의 관계에 지나지 않는다.

부모 자식 간에, 부부 사이에 대화나 사랑도 줄어들고 식어가는 분위기에서 어찌 아름다운 가정이 이루어질 수 있으랴! 진정한 의미에서의 Home, Sweet Home은 홈을 창설하신 하나님 밖에서는 찾을 수 없다. 홈이라는 말은 그 본래의 뜻을 그대로 번역할 수 없다. 홈은 가정이라는 말로 그 본래의 의미를 다 나타내지 못한다. 가정의 창시자인 하나님께서 좌정하셔서 범사를 다스리실 때만 진정한 의미의 홈이 회복된다는 말이다.

어떤 이단 종교는 이것을 도용해서 행복한 가정을 이루자는 구호로써 많은 젊은이들의 순결을 빼앗고 점점 더 흉악한 악의 구렁텅이로 몰아가고 있다. 두려운 일이다. 일본의 가정을 지키기 위해서라도 복음은 더욱 적극적으로 전파되어야 하고, 진정한 의미에서의 홈이 무엇인지를 가르치고 정착시키기 위해 복음은 마땅히 진취적으로 일본인들의 가슴 가슴에 전달되어야 한다.

사랑의 빚

일본에는 지금 세계 최고의 베테랑급 선교사들이 파송되어 각계 각층에서 선교에 총진군하고 있다. 생활비와 사역비와 자녀 양육비 등으로 지출하는 돈을 계산한다면 천문학적인 액수일 것이다. 실로 엄청난 희생을 지불하며 사역하고 있다. 일본이야말로 사랑의 빚을 최고로 많이 진 나라라는 사실을 어느 누구도 부인하지 못하리라. 그러나 그 사랑의 열매가 쉽게 나타나지 않는 게 현실이다.

일본에서는 산지족을 전도하는 태국 선교사들처럼 절반 튀긴 바퀴벌레를 먹을 염려도 없고, 아프리카에서 선교하며 벌레 물린 근육 속에 구더기를 키울 위험도 없다. 육체적인 고통은 없으나 대신 영적으로 당하는 고통은 상상할 수 없을 만큼 심각하다. 영적 전쟁이 치열한 곳인데다 물가가 비싼 곳이기 때문에 재정적 어려움도 크다.

치열한 영적 전투를 하면서도 왜 많은 나라들이 일본 선교에 목숨을 걸고 있는가? 몇 년 선교해도 결신자나 세례자 하나 얻지 못하는 고통을 당하면서도 왜 일본에 계속 오고 있는가?

첫째 하나님이 주신 소명 때문이요, 둘째 일본이 복음화되어 세계 선교에 한 몫을 담당해 주기를 바라는 심정으로 갖은 고통과 희생을 무릅쓰고 있는 것이다.

일본은 기술을 발달시켜 인류의 삶을 윤택하고 편리하게 하는 데는 많은 이바지를 했다. 정직하고 신실한 자세로 물건을 만들고 친절을 베풀며 사는 것은 본받을 일이다. 그러나 인류의 평화와 복지를 위해서는 별다른 공헌을 한 것 같지 않다. 전쟁을 일으켜 점령하고 착취, 유린하는 일은 했으나 진정으로 가난하고 어려운 나라들을 위해서 좋은 영향을 끼친 것이 많지 않다는 말이다.

그러나 일본이 복음화되어 주님의 발 앞에 엎드려 그 입술로 예수 그리스도를 구주와 주로 고백하는 나라가 될 때, 인류를 위한 세계 최대의 섬김의 나라가 될 가능성이 있다. 사랑의 빚을 갚는 나라가 된다는 뜻이다. 그러므로 우리는 이들이 복음으로 완전히 변화될 그날을 소망하며 때를 얻든지 못 얻든지 복음 전파에 최선을 경주해야 한다.

 ## 대답 안 할 권리

    1960년대 미국에서 학위 받고 큰 교회를 담임하면서 교민 복음화와 미국인 전도에 힘쓴 학자 목사 한 분이 있다. 그는 1970년대에 귀국, 정통 보수 신학교에서 교수를 거쳐 총장까지 역임했다. 한국 신학 발전에 기여한 존경스러운 지도자다. 그는 역사 신학자로 세계 교회사를 비롯한 많은 책을 저술, 후학들을 위해 다대한 공헌을 했다.

    그가 한국으로 귀국하기 전 일본 선교에 뜻을 품고 어느 선교 단체에서 훈련받은 후 비자를 신청했다. 타국 선교사들은 비자를 받는데 자기는 거부되었다. 일본 선교에 대한 열정은 뜨거워지는데 비자가 거듭 거듭 거절되었다.

    화가 난 그는 출입국관리국 비자 담당자에게 갔다. 일본에서는 인터뷰가 없고 서류 심사로 비자 발급을 결정한다. 그는 담당자를 만나 거절되는 이유를 따졌다. "미국인, 영국인, 캐나다인들은 비자가 나오는데 어째서 나는 계속 거절당해야 합니까? 이건 차별 대우가 아닙니까?"

    분통이 터지는 심정으로 이렇게 물고늘어지자 그 담당자는 간단히 잘라 말했다. "그 질문에 대답 안 할 권리가 있습니다. 계속 묻지 마십시오." 그는 그렇게도 소원했던 일본 선교사가 되지 못했다. "대답 안 할 권리!" 한국인들의 신용에 문제가 많았던 시절이다. 관광 비자로 와서 숨어버리고 공용 비자로 와서 조건과 다른 일을 하다 발각되어 나라 망신을 시킨 일이 많았었는데 엉뚱하게도 그 목사가 피해를 본 것이다.

그는 소원했던 선교사는 되지 못했지만 일본 선교에 열정을 기울였다. 선교사들과 헌신자들을 발굴, 지원하고 선교사들이 귀국하면 선교 비전을 나누도록 배려해 주었다. 당신이 일본 선교에 직접 투신한 것 이상으로 많은 수고를 하였다. 또 선교사들의 요청이 있을 경우 모든 일을 제쳐두고 내왕하여 말씀으로 격려하고 도전했다.

2006년도 3월 1일부터는 한·일 간에 비자 협정이 이루어져 관광 비자로 90일 동안 일본에 머물 수 있게 되었다. 전에는 관광 비자가 2주간뿐이어서 한 달간 전도해 달라 부탁해도 어려웠지만 그 문제가 해결된 것이다. 그로부터 수년 후, 아예 무비자로 90일간의 체류가

▲ 단기 선교 팀원들의 부채춤 공연

가능하게 되었다. 내가 처음 선교사로 올 때만 해도 생각할 수 없었던 일이다. 선교적인 측면에서도 매우 바람직한 결과를 얻게 된 것이다.

하나님이 일본 선교의 문을 활짝 열어주셨기에 안심하고 일본에 머물면서 복음을 전할 수 있게 되었다. 출입국 직원들에게 "대답 안 할 권리가 있다"는 말을 더 이상 듣지 않아도 되는 시대가 되었다. 이제 한국 교회와 선교 단체들은 더 효과적인 방법으로 일본 선교에 발 벗고 나서야 할 때이다.

기회가 항상 있는 것은 아니다. 문이 열려 있을 때 들어가야 한다. 문이 닫히고 나면 우리는 아무것도 할 수 없다.

신新 문명병 환자들

1991년 초, 나리타成田 공항에 내린 이후 전철을 탈 때마다 놀라움을 금치 못했다. 의자에 앉은 사람은 물론 서 있는 사람들도 거의 책을 읽고 있었기 때문이다. 이것이야말로 오늘의 일본을 있게 한 저력의 근원이 아닐까 생각하고 신선한 충격을 받았다. 그들은 대부분 문고판 책을 읽고 있었다.

20여 년의 세월이 흘렀다. 요즈음 전철을 타고 둘러보면 책 읽는 사람이 한 칸에 5명에서 3명 정도에 불과하다. 그것도 만화를 읽는 것이 고작이다. 젊은이들은 핸드폰을 열심히 들여다보면서 문자 메시지를 주고받거나 액정 화면을 보며 주위는 아랑곳하지 않는다. 시끄럽다고 소리치고 싶을 만큼 큰 음량으로 이어폰을 꽂고 음악을 듣는 경우도 허다하다.

나는 이 모습을 지켜보면서 1950년대 말 서울대 유달영 교수가 쓴 책에서 읽은 대목이 생각났다. 길거리에서 택시 타려고 줄 서 있는 사람들을 '문명병 환자들'이라 했다. 걸어 다니면 건강에도 좋고 돈도 안 들 것인데 택시라는 문명의 도구가 주는 편리함 때문에 걷는 것을 포기하고 이것만 타려고 하는 이들이 바로 문명병 환자들이라는 말이었다.

전철에서 책 읽는 것을 포기하고 핸드폰으로 시끄러운 음악을 듣거나 휴대용 텔레비전을 보는 데 열중하고 있는 이들이 바로 '신新 문명병 환자들'이라는 생각을 하게 되었다. 무엇이 이렇게 만들었을까? 문명의 발달이? 문명의 이기가? 사람들로 하여금 즐기던 책을 내던져 버리게 하고 핸드폰이나 휴대용 텔레비전의 땜질식 지식으로 인간의 뇌를 마비시키려는 사탄의 악한 궤계가 아닐까 하는 생각이 든다.

그런데 내 조국은 어떨까? 지구촌 시대를 살고 있는 우리나라도 같은 양상이 아닐까? 일본 젊은이들이 머리를 짧게 깎고 노랑물을 들이고 다니면 바로 그 다음날 한국의 젊은이들도 그렇게 하고 다닌 지가 벌써 오래 되지 않았는가?

공자는 집안이 잘 되려면 3가지 소리가 들려야 한다고 했다. 빨래 다듬는 방망이 소리, 어린아이 우는 소리, 책 읽는 소리가 그것이다. 살림을 하면서 살아야 하니 세탁하여 건사하는 다듬이 방망이 소리가 나야 하고, 어린아이들이 태어나 성장하면서 울음소리를 내야 하고, 또 학문의 길을 넓히기 위해 책을 많이 읽어야 했던 것이다. 물론 책을 읽지 않고서라도 매일 홍수같이 쏟아지는 정보로 지식의 영역을 넓힐 수는 있겠지만 왠지 전철 안에서 승객들이 책을 읽던 모습이 사라지고 만 것에 대한 아쉬움이 크다.

빨간 신호등

일본인들은 대체로 상냥하고 친절하며 남이 싫어할 말은 절대로 하지 않는다는 평가를 받는다. 사실이다. 다방면에서 타국인들에게 칭찬받을 민족임에는 틀림없는 것 같다. 그런데 일본인들에 대한 많은 표현 중에 내 귀에 남아 있는 인상적인 것이 있다. "빨간 신호등도 다 함께 건너면 무섭지 않다"라는 말이다. 무슨 의미일까?

빨간 불이 켜졌을 때는 아무리 바빠도 파란 등이 켜질 때까지 기다려야 한다. 그러나 여러 사람이 우르르 건널 경우에는 너도나도 함께 건너기 때문에 무섭지 않다는 표현이다. 혼자서는 무서워서 결단을 못하다가 여러 사람이 한꺼번에 움직이면 비록 규칙 위반일지라도 담대히 자행하게 된다는 의미일 것이다.

한국 전쟁 발발 후 3개월간 남한이 공산 세계가 되었다가 9·28 서울 수복 후 전남 G지역에 국군이 진주해 공산당을 색출해 낼 때의 일이다. 그 지역에는 존경받는 지도자가 있었다. 일제 강점기 때 일본에서 마르크스의 유물사관에 심취하여 공산당 골수 분자가 된 자였다.

국군 수색대가 마을 사람들을 모아 놓고 "공산당은 왼쪽으로, 그렇지 않은 사람은 오른쪽으로 모이라"고 호령했다. 이 한마디가 떨어지자 지도자는 맨 먼저 나와 왼쪽으로 갔다.

부락민들은 공산주의나 민주주의가 무엇인지 전혀 모르는 농민들이었다. 그러나 존경받는 마을 지도자가 선 곳을 택하면 좋을 것이라는 판단에 앞다투어 그가 서 있는 왼쪽을 택했다. 결국 부락민 전체가 공산당이라는 판단 아래 몰살당했다.

빨간 신호등은 선택을 요구한다. 일본인이고 한국인이고 간에 선택을 잘 해야 한다. 아무리 다수가 간다 할지라도 그 길이 옳은 길이 아니면 가지 말아야 하고, 다수가 다 가기 싫어해도 옳은 길이라면 비록 손가락질을 당하고 심지어 죽음이 기다리고 있다 할지라도 우리는 바른 길을 선택하여 걸을 수 있어야 한다. 빨간 신호등은 다 함께 건너도 여전히 무서워야 한다. 우리는 이것을 자신 있게 말하고, 그것이 타당한 길임을 가르칠 수 있어야 한다.

장인 정신

한국인들은 최고로 잘 만들어진 물건을 샘플로 보낸다. 그러나 주문된 물건을 보낼 때는 시간을 맞추느라고 밤샘 작업을 하면서 잘못 만들어진 물건도 배에 실리게 되어 결과적으로 엄청난 손해를 보기도 한다. 1960~1970년대 수출이 절정기를 이루고 있을 때 어느 회사에서는 주문 물량을 제 시간에 감당할 수가 없어 넝마를 넣어 보냄으로써 국제적인 망신을 산 일도 있었다고 한다.

일본인들은 90% 완성도의 물건을 샘플로 보내면서 "이보다 더 좋은 물건을 만들 수 있음"이라는 단서를 붙인다. 그리고 95% 이상 100%에 가까운 물건을 보냄으로써 하자율을 거의 0%로 낮춘다. 이것도 일본인의 한 단면을 볼 수 있는 사항이다.

오토바이 강선 만드는 법을 배우기 위해 1970년대에 일본에서 수 개월간을 보낸 적이 있다는 한 형제를 만났다. 오사카大阪 교외의 어느 공장에서 연수받는 동안 20년째 근무하는 직공 밑에서 기술을 배우게 되었다. 그는 30cm 길이의 강선을 절단할 때마다 자를 대고 끊었다. 연수생들은 "그 정도 했으면 달인이 되어 눈 감고라도 자를 수 있을 텐데 왜 매번 자를 대고 끊는 거요?"라며 비아냥조로 물었다. 자신만만해하는 연수생 몇이 선발되어 자 없이 잘라 본 결과 1cm에서 2cm 이상의 오차가 있었다. 하지만 자를 사용하여 끊었던 그 사람에게는 0.01cm 정도의 오차밖에 없었다.

의과대학 교수인 한 형제는 일본의 대학병원에 교환 교수로 다녀온 후 이렇게 말했다. "일본 의사들은 밤이 깊도록 연구실을 떠나지 않습니다. 누가 시켜서가 아니라 스스로 질병 퇴치를 위해 싸운다고 했습니다. 인류의 건강과 복지를 위해 불철주야 연구를 거듭했습니다. 세계 의학을 석권하여 선진국의 의학을 앞지르고 인류를 괴롭히는 병마를 정복하겠다는 의지로 불탔습니다."

5대째 라면집을 경영하던 한 아버지가 교수인 아들에게 "힘들어 더 이상 못 하겠다"고 하자 아들이 교수직을 사임하고 후계자가 된 경우도 있다. 라면집이 운영되어 온 경위와 맛의 변천 등을 기록한 수백 페이지의 책을 만들어 비치하고 라면집을 운영한다. 손님이 많아져도 가게를 확장하지 않는다. 매일 준비한 300그릇이 다 팔리면 미련 없이 가게 문을 닫는다.

오토바이의 강선을 끊는 기술자나 인류를 괴롭히는 병마를 정복하겠다며 밤샘하는 의사들, 라면 가게의 후계자가 되려고 교수직을 버리는 것도 일종의 장인 정신이다. 자기가 하는 일에 자부심을 갖지 못하거나 그 일에 철저하지 못한 사람에게는 장인 정신이 결여되어 있다. 우리가 전도하고 선교하며 말씀을 배우고 가르치는 일 또한 장인 정신으로 하지 않으면 아무 결과도 얻지 못한다는 사실을 깨달아야 한다.

오마모리 이야기

일본에 파송받아 들어온 후, 1991년 4월부터 일본어 학교에 다니기 시작했다. 50이 넘은 중노인이 미국, 중국, 대만, 필리핀, 태국에서 온 20대의 젊은이들과 한 교실에서 아, 이, 우, 에, 오부터 공부했다. 늦은 나이에 외국어를 공부한다는 것이 얼마나 어려운지, 겪어본 사람이 아니면 그 쓰라림을 알 수 없으리라.

첫 학기를 끝낸 후 새 교사가 배정되었는데 그녀는 크리스천이었다. 가끔 신앙과 관련된 말을 하기에 감동을 받았다. 그런데 어느 날

▲ 신사나 절간에서 흔히 볼 수 있는 소원풀이 부적들

보니, 그녀의 손가락에는 뱀 세 마리가 똬리를 틀고 있는 반지가 끼워져 있었고 두꺼비와 거북이가 새겨진 목걸이를 하고 있었다. 나는 왜 그런 짐승이 새겨진 물건들을 몸에 지니느냐고 물었다.

"뱀, 거북, 두꺼비를 가까이하면 기분이 좋고 돈이 생기며 운수 대통하기에 일본인들은 이런 짐승들의 모형을 오마모리お守り, 일종의 부적로 간직하고 다닌답니다."

나는 그녀가 진정한 그리스도인일까 하는 의구심이 들었다. 만물을 창조하시고 "보시기에 좋았더라"고 하신 하나님께서 인간 창조 후에는 "보시기에 심히 좋았더라"고 하셨으니, 인간에게는 하나님 한 분 외에 아무것도 필요 없어야 하지 않을까? 그날 이후 한동안 그 교사의 얼굴을 바라보기가 민망했던 기억이 새롭다.

사람은 무엇인가 허전한 느낌이 들 때, 기댈 만한 것들이 안 보일 때 의지하고 싶은 대상을 찾게 된다. 전능자 하나님이 눈에 보이지 아니하니 눈에 보이는 그런 것들에라도 의지하여야 안심이 되겠기에 그럴 것이다.

하나님은 영원토록 동일하신 분이다. "너는 나 외에는 다른 신들을 네게 두지 말라"출 20:3, "어떤 형상도 만들지 말고"출 20:4라고 명령하신다. 영원히 불변하는 진리의 말씀이다. 지키면 좋고, 지키지 않아도 되는 사항이 아니라 목숨 걸고 지켜야 할 절체절명인 것이다. 마음속에서라도 하나님 외의 다른 것을 의지하려는 생각이 있다면 철저히 회개해야 한다. 우리에게는 만군의 주 여호와, 홀로 하나이신 하나님 한 분만 계셔야 한다.

와리캉

일본에 부임한 지 얼마 안 됐을 때다. 정오에 사무실에 가니 식사하던 간사들이 "곤니치와!" 한 마디만 하고 각자의 도시락을 계속 먹고 있었다. 떡 한 조각이라도 나눠 먹는다는 한국적인 개념보다는 각자가 자기 먹을 것을 준비해 와서 먹는 습관이 배어 있는 것이다.

삿포로札幌에서 개척 2년째의 교회에 초청받아 여전도회 특강을 하고 있는데 다른 교회의 자매가 나를 만나러 왔다. 그런데 식사 시간에 아무도 자매에게 같이 먹자고 권하지 않았다. 자매는 미리 도시락을 가지고 와 구석에서 혼자 먹고 있었다. 소위 와리캉割勘, 비용을 각자 지불하는 것에 익숙한 일본인에게는 당연한 것이겠으나 내게는 거북스러운 일이었다.

아내와 상의하고 매 주일 저녁 5명 전후의 일본인들을 초대하여 대접했다. 수년간 계속했다. 양껏 먹을 수 있도록 언제나 넉넉히 준비했다. 김이 맛있다고 하면 김을, 잡채가 맛있다 하면 잡채를, 불고기가 맛있다 하면 불고기를 싸주었다. 열심히 먹으면서 "오이시이! 우마이! 맛있다"라고 하는 말을 들을 때마다 기쁜 마음이 들었다. 여러 번 초대받은 그들은 우리를 초대하겠다고 했으나 그들의 집에 간 경우는 그리 많지 않았다.

상대방에게 부담을 주지 않으려는 일본인들의 몸에 밴 습관이 와리캉이라는 풍습을 만들어 낸 것 같다. 일본의 많은 교회가 주일 낮 예배를 마친 후 식사를 하는데 300엔 지불하고 식탁에 앉는다. 교회의 재정이 부족하니 어쩔 수 없는 부분도 있겠지만 식사비를 지불하는 것이 당연하다고 생각하는 그들의 사고에서 나온 것이기도 하다.

우리 집에 자주 다녀가거나 나와 함께 외식한 일본인들 중에는 소위 와리캉의 습관이 없어진 이들도 있다. 오히려 내가 한 번 부담하면 그들은 두 번 세 번 식대를 부담하곤 한다. 나와 아내는 '아, 일본인들도 바뀔 수 있구나' 하는 생각을 하게 되었다.

왕모래 VS 진흙

흔히 "한국 사람은 왕모래, 일본 사람은 진흙"이라는 말을 한다. 어디에 근거한 말인지 잘 모르나 일본 사람을 다양하게 겪어 본 사람들의 체험담인 것 같다. 왕모래는 진흙과 비교할 수 없이 단단한 물체이다. 왕모래라고 말할 때 아주 강하다는 느낌을 받는다. 힘의 세기에서나 모양새에서 진흙과 감히 비교할 수 없다. 왕모래는 개성이 강하고 자기 주장이 확실하며 어디에 내놓아도 제 몫을 하지만 진흙은 모양새도 없고 주체성도 없다. 주무르면 모양이 달라지고 내동댕이치면 바닥에 퍼져버린다. 외형적으로 보면 진짜 쓸모없는 존재같이 보인다. 왕모래로 짓이기면 진흙은 형체마저 찾아볼 수 없을 만큼 흩어지고 만다.

그러나 진흙이 물과 적당히 배합되어 불속에 들어갔다 나오면 그때는 상황이 완전히 달라진다. 불속을 거쳐 나온 진흙은 차돌같이 단단해져 왕모래를 깨뜨려 가루로 만드는 해머가 된다. 왕모래는 6천 근의 가마솥을 종잇장 들 듯했다는 항우 장사라 할지라도 한 줌을 한 시간 동안 힘써 쥐고 있다가 손바닥을 펴면 전부 쏟아져 내리고 만다.

한국 사람을 왕모래라고 할 때 똑똑하고 개성이 강하고 무엇인가 해낼 것 같으나 하나로 뭉치는 단결력은 전혀 없다는 말이다. 일본인들은 개별적으로는 별것이 아니나 일단 뭉치면 더욱 강해지는 속성을 가지고 있다. 집단 역학, 뭉침의 역학 면에서 아무래도 우리는 그들을 따라가지 못하는 것일까.

나는 일본인에게서 자주 들었다. "일본인과 한국인이 개인적으로 만나면 남녀노소 불문하고 어떤 일본인도 한국인을 당해낼 수 없습니다. 그러나 열 명씩 모인다면 그때는 상황이 아주 달라지지요. 한국인은 열 명의 일본인을 절대로 이길 수 없습니다." 이 말을 들은 나는 참 씁쓸한 느낌을 지울 수가 없었다.

일본인들은 국익을 위해서는 개인이 손해보는 것을 당연한 일로 여긴다. 노동 운동도 마찬가지다. 우리처럼 무리한 요구는 하지 않는다. 춘투라는 노동쟁의도 사소한 요구 사항으로 끝난다. 고용주도 노동자도 공생 공사해야 한다는 정신이 투철하기 때문이다. 그러나 한국인들은 개인주의가 팽배하여 국가나 집단보다 개인의 이익이 앞서야 직성이 풀리는 민족이다. 기업이야 망하든 말든 개인의 이익이 우선이다.

우리는 주님의 영광을 위해 부름 받은 자로서 왕모래의 자세보다는 진흙처럼 단단히 뭉치는 자세를 가졌으면 하는 것이 나의 바람이다. 혹자는 말할 것이다. 만일 왕모래가 시멘트에 들어가 철근을 물고 늘어진다면 콘크리트가 되어 누구도 깨뜨릴 수 없이 단단해질 것이라고 말이다. 그러나 누가 시멘트 역할을 하며 누가 물이 되어 왕모래와 시멘트를 하나 되게 할 것인가? 나는 왕모래보다는 진흙이 되어야 한다고 말하고 싶다.

조선시대의 사색당쟁, 영호남의 분열, 자기의 이익을 위해서는 불의도 망설임 없이 저지르는 민족성이 깨어지고 부서져 하나가 되지 않는다면 과연 우리의 장래는 어찌될 것인가? 심각히 생각해 봐야 할 문제인 것 같다.

수밀도

오사카大阪에서 있었던 일이다. 한국인 네 명과 일본인 목사 한 명이 같이한 자리였다. 네 사람 모두 선교사였다. 교포를 목양하는 목사와 현지인만을 위한 선교사도 있었다. 함께 한 일본인 목사는 패기가 넘치는 30대로, 우리의 프로젝트에 구체적으로 관여하고 있었다. 개척한 지 수년인데 10여 명의 신자가 모이는 교회의 담임이었다. 그는 방송 선교와 어린이 전도에 일가견을 가지고 있는 장래가 촉망되는 목사였다.

이야기꽃을 피우며 크게 웃기도 하고 슬픈 표정을 짓기도 하며 장시간 대화를 즐기고 있었다. 그 일본 목사는 "안녕하세요. 잘 먹겠스

▲ 오키나와 중부 모토베(本部)에 있는 카페 유람선(遊覽船)에서 찬양전도 집회 후

무니다. 고맙스무니다" 정도의 한국어밖에 몰랐다. 그런데 우리가 큰 소리로 웃기 시작하면 한 템포 느리게 그도 큰 소리로 웃고, 심각한 표정으로 슬픈 기색을 띠면 그도 금방 슬픈 표정을 지었다. 나는 일본인이 참 대단하다는 생각을 했다. 무슨 말인지 자기는 전혀 못 알아들어도 분위기를 위해 같이 웃어주는 것이다

흔히들 일본 사람은 수밀도과육과 과즙이 많고 맛이 단 복숭아와 같다고 한다. 수밀도는 겉껍질이 말랑말랑하고 먹으면 입에서 살살 녹아들 정도로 맛이 좋다. 그러나 속에는 딱딱한 씨가 들어 있다. 말랑말랑하다고 속을 휘집고 들어가면 깡치가 있어 더 이상 뚫고 들어갈 수가 없다. 친절하고 상냥하다고 해서 상대가 마음의 문을 열지도 않았는데 속내를 토로한다거나 완전히 신뢰하고 이것저것을 토해 내거나 요구한다면 그것으로 교제는 끝나버리기 일쑤다.

만일 일본인이 유들유들하면 나도 유들유들해야 하고, 그가 바삐 돌아가면 나도 바삐 돌아가는 자세로 일본인들을 상대해야 한다는 교훈을 얻게 되었다. 일본인들이 우리와 속을 터놓고 지내게 되기까지는 오랜 시간이 걸린다. 그러나 일단 이런 깊은 교제가 이루어지면 일생 동안 우정에 변함이 없다는 것도 사실이다.

혼네와 다테마에

일본인은 혼네本音, 속내와 다테마에建前, 겉으로 드러나는 태도

를 가지고 있다고들 한다. 빙산은 북극과 남극에 떠다니는 얼음 덩어리다. 7분의 1에서 12분의 1 정도가 물 위로 나와 있고 바다에 잠긴 부분은 90% 이상이다. 몇십만 톤의 배도 침몰시킬 수 있는 엄청난 힘을 가지고 있다. 좀처럼 속을 털어놓지 않는 일본인의 겉으로 드러나는 모습을 가리켜 빙산의 일각이라고 해도 맞을 것 같다. 뱉고 싶은 말이 많아도 적은 몇 마디로 끝내고 마는 습성 때문에 좀처럼 속마음을 알 수가 없다.

속내를 털어놓아 이익을 볼 때도 있지만 그렇지 않은 경우를 더 많이 경험했기 때문일까? 하여튼 일본인들은 속내를 토로하지 않는 경우가 참 많다. 원래 일본인들은 밝고 명랑하고 솔직한 사람들이었다고 한다. 그런데 약 400년 전 통치자들이 기독인들을 색출하기 위해 소위 '5인조 제도'를 시행했다. 만일 그 가운데 기독교인이 한 사람이라도 발각되면, 내부 고발의 경우는 기독교인 가족에게만 죄를 묻지만, 외부 고발로 발각된 경우는 5인조 가정 모두를 연좌제로 처벌하는 악법이었다. 이 영향으로 일본인들이 속마음을 드러내지 못하는 사람으로 변질되었다고 한다.

한 나라의 국민성이 이토록 변할 수 있다는 것도 기적처럼 느껴진다. 이런 비극을 겪어 보지 않은 나로서는 왈가왈부할 바가 못 되겠지만 어쨌든 불행한 일이 아닐 수 없다. 기독인들을 색출하기 위한 조치치고는 너무도 잔인무도한 방법이었으니 말이다.

일본인들은 사람을 대할 때 상대방의 아홉 가지 단점에 대해서는 입을 다물어버리고 한 가지 장점에 대해 민망할 정도로 칭찬한다. 가게에 가서 물건을 살 때도 열 번 스무 번 살펴보고 입어 봐도 싫은 표정을 짓지 않는다. 또 물건을 안 사고 가도 아주 상냥한 말씨로 잘 가라며 또다시 오시라는 말을 한다. 물건을 사지 않는 자가 부담을 느낄 정도로 친절하다.

나는 일본인들이 복음의 능력으로 400년 전의 그 밝고 명랑하고 솔직한 모습을 다시 찾기를 원할 뿐 아니라 그것이 가능하다고 보는 사람이다. 복음의 능력으로 일본인들이 언젠가는 자신의 감정이나 의견을 두려움 없이 솔직하게 표현할 수 있도록, 열심히 복음을 전할 각오가 되어 있다.

맞대고 싸우지 않는 사람들

일본인들은 맞대고 싸우지 않는다. 자기를 끝까지 괴롭히고 못살게 구는 사람이 있다면 야쿠자나 살인 청부업자를 사서 대신 처리하게 할지언정 자기 스스로는 그런 짓을 하지 않는다. 물론 다는 아니겠지만 이것도 일본인들의 무서운 단면이다.

도쿄東京에서 살 때의 일이다. 삿포로札幌에서 타던 차를 가져왔지만 도쿄에서는 운전할 일이 별로 없는 탓에 주로 아파트 앞 주차장에 세워 놓기 일쑤였다. 그런데 어느 날 누가 문을 두드렸다. 알고 보니 우리 차 옆에 주차하는(일본에서는 아파트도 주차 장소가 정해져 있다) 사람인데, 그동안 우리 차가 자기 차 문에 흠집을 많이 냈으니 수리를 해 달라는 것이었다. 그 사람은 수리에 얼마나 들지 이미 카센터에서 견적을 뽑아 온 상태였다. 주차 공간이 좁은지라 무심코 연 문이 반복해서 옆 차에 닿았던 모양이다. 처음 흠집이 났을 때 좀 주의해 달라고 말해 주었으면 더 조심했을 텐데 아무 말 없이 지내다가 청구서를 들고 오다니……. 참 당황스러웠다. 꼼짝없이 수리비를 물어주었지만 왠지 서글픈 생각이 들었다.

한국인들은 이사하면 소위 집들이라는 파티를 연다. 늦은 밤까지 노래하며 부어라 마셔라 소란을 피울 때가 잦다. 밤늦게까지 기다리다 도저히 참지 못한 이웃이 파티하고 있는 집 문짝을 걷어차면서 "여보시오! 여기도 사람 있소! 잠 좀 잡시다"라며 자제하라고 쏘아댄다. 그러나 일본인들은 그렇게 하지 않는다. 귀를 막고 참거나, 견디기 어려울 경우 경찰에 신고하여 만류해 달라고 한다.

이런 일본인들의 성격은 교인들에게서도 볼 수 있다. 어떤 회합에서 자기와 의견이 안 맞을 경우 그들은 자기들의 반대 의사를 노골적으로 표현하는 일이 극히 드물다. 물론 다혈질의 사람들은 '아니요'라고 분명히 반대 의견을 제시하기도 하지만 대부분의 사람들은 타인들의 눈치를 보며 앞장서서 반대하지 못한다.

쇠뿔을 20~30년 걸려 빼는 사람들

일본은 2차 세계 대전 때 성립된 악법을 철폐하기로 결정해 놓고도 오랜 세월이 지난 후에야 그 법을 폐기했다. 소비세를 3%에서 5%로 올리기로 결정했으나 5년 후에 실시했다.

성질 급한 놈이 술값 낸다는 말이 있다. 한국인들은 성질 급하기로 유명하다. 한·일 국교가 정상화된 후 전쟁 배상금을 협상했다. 백전노장의 일본 정치가들과 40대 군 출신들이 함께한 자리에서 한국은 불과 몇억 달러에 협상하고 말았다. 산전수전 다 겪은 능구렁이 일본의 원로 정치가들과는 애당초 게임이 되지 않았던 것이다.

우리는 "쇠뿔은 단김에 뺀다." 그러나 "일본인들은 20~30년 걸려서 뺀다." 그들은 돌다리도 두드려 보고 건너간다. 샅샅이 만져보고 안전 검사하고 조사 위원들이 장시간 토론한 다음 행동에 옮기는 사람들이다. 물론 광케이블 시대에 사는 우리에게는 매사가 빠를수록 좋다. 동남아, 특히 태국에서는 한국 관광객들이 식당에 가면 종업원들이 "빨리! 빨리?" 하며 아양을 떤다고 한다. 우리는 너무 빠른 반면 일본은 너무 느려서 탈이다. 그러나 급하게 서두르다 보니 성수대교와 삼풍백화점의 붕괴 같은 사건들이 터졌다.

일본의 기술이 빠른 시일 안에 발전해 세계를 석권하게 된 저변에는 그들의 몸에 밴 신중함이 있었기 때문이 아닐까? 급하다고 바늘허리에 실을 묶어 쓸 수 없지 않는가? 바쁘게 서두르지만 말고 일본인들처럼 신중하고 진중하게 처리해 나가는 지혜와 방법을 터득해야 한다. 일본인들이 쇠뿔을 20~30년 걸려 뺀다면, 우리는 더 많은 시간이 걸릴지라도 감내해야 한다. 승산이 있다 확신하면 과감히 실행해야 하지만 미완의 작품이라면 완성될 때까지 최선에 최선을 다해 결말을 보아야 한다.

우리는 시간을 황금으로 생각하며 일을 추진해 나가는 일본 사람들이 왜 쇠뿔을 20~30년 걸려서 빼는가를 알아야 한다. 악법을 폐기하기로 결정해 놓고도 왜 그렇게 오랜 후에야 철폐했는지 생각해 봐야 한다. 그저 바쁘다고 마땅히 거쳐야 할 과정을 생략해 버린다면 우리는 돌이킬 수 없는 실수를 저지르고 말 것이다.

니혼고 오죠즈데스네?

일본인은 다른 사람들, 특히 외국인들에게 유별나게 친절하다. 일본어가 서툰 사람을 만나면 유치하게 말해도 격려한다. "니혼고 오죠즈데스네!", '일본 말 참 잘 하시네요'라는 뜻이다. 형편없는 일본어로 말하느라 애쓰는 것이 안타까워서만은 아니고 그저 남들을 격려하는 습관이 몸에 배인 까닭이다.

사실 영어나 다른 나라 말에 비해 일본어는 배우기 쉽다. 어순이 같고 한문도 비슷해서 한국인에게는 여간 다행이 아니다. 서양 선교사들은 대개 읽고 쓰고 말하는 데 4~5년 걸린다. 한국인은 6개월이면 간단한 의사소통이 되고 1년이면 어느 정도 읽고 쓸 수 있다. 한국인들이 언어에 대한 재능을 타고난 것이 아닌가 하는 생각이 들 정도다.

세계의 유수한 선교 전문가들은 한국 사람들이 선교에 천부적인 재능을 타고났다고 한다. 말 잘 배우고, 문화와 날씨 적응에도 탁월하

▲ 공항에서 단기 선교팀을 환영하는 합심 기도를 하며

고, 음식 문화에도 남다른 적응력이 있다고 평가한다. 왜 이러한 능력을 우리에게 주셨을까? 그것은 선교의 도구로 크게 쓰시려는 비상 섭리 때문이다. 한국에서는 매년 일만 명의 신학생들이 졸업한다. 이 숫자는 아시아 전 지역의 모든 신학생의 수를 다 합한 것보다 더 많다.

하나님께서 교회도 일할 기관도 한정된 한국에 왜 이렇게 많은 신학생들을 주실까? 세계 선교를 위해 주님께서 한국 교회에 못자리판을 만들고 계신 까닭이다. 혹자는 수년 내에 한국에 목사 실업자가 수십만 명이 넘을 것이라는 비관적인 예상을 한다. 그러나 지구촌 전체를 바라보며 일하시는 하나님의 입장에서는 이 숫자도 결코 많지만은 않을 것이다. 더구나 일본 선교사들 가운데 서양 선교사들은 현저히 줄어들고 있는 반면 한국에서 파송받는 수는 점점 더 왕성하게 증가

하고 있다. 한국인 선교사들이 개척하여 몇 년 지나면 일본 목사들이 20년 이상 목회한 만큼의 신자를 가진 교회가 되는 경우도 보았다. 감사한 일이 아닐 수 없다.

일본인들이 일본어가 서툰 사람에게도 "니혼고 오죠즈데스네"라고 할 때는 그저 격려의 차원에서 말한 것임을 알게 된 후로는 씁쓸한 생각도 들었지만, 그래도 이 말을 가장 많이 들으면서 일본어를 배우는 사람들이 한국인이고 보면 이 칭찬이 결코 싫지만은 않은 것 같다.

우치무라 간조

우치무라 간조內村鑑三, 1861~1930는 일본이 낳은 세계적인 신학자다. 독립 전도자로 무교회주의를 주창했다. 그는 120여 년 전 W. 클라크 박사가 삿포로札幌에 세운 홋카이도北海道 농학교의 제2기생으로 입학했다. 그는 신사神社에 가서 "진자의 가미사마여, 저 클라크 박사 속에 둥지 틀고 사는 '야소'라는 서양 귀신을 물리쳐 주십시오!"라고 수개월 동안 기도했다. 그러나 결국 클라크 박사의 가르침에 감동, 17세에 세례를 받았다. 나중에는 도미渡美하여 애머스트Amherst 대학에서 실리 총장의 감화로 회심을 체험했다.

그는 제일고등학교 교원으로 있을 때 교육 칙어에 대한 불경 사건을 일으켰다. 그런 고민 가운데서 쓴 책이 그 유명한 《그리스도 신자의 위로》이다. 그 이후 기독교 저술가로서 교계에 큰 영향을 끼쳤다.

또 러일전쟁 때의 비전론非戰論은 여론을 환기시켰다. 명확한 복음 신앙을 가지고 있었으나 당시 일본 기성 교회들이 교파를 불문하고 전쟁을 지지하며 세속에 물든 신앙 생활을 하는 것을 보고 기존 교회에 환멸을 느꼈다.

그는 결국 무교회주의를 제창하였다. 교회가 제도에 매여 하나님의 말씀 성경을 제한하며 사회의 빛과 소금이 되지 못하고 있다는 사실을 개탄하여 그런 결단을 내린 것이다. 그는 1900년 이래 〈성서의 연구〉라는 잡지를 간행했고 제1차 세계 대전 때에 재림운동을 전개, 평화와 하나님 나라의 완성을 그리스도의 재림에서 구하게 되었다.

그는 많은 저서를 남겼다. 당시는 이렇다 할 주석이 없던 때라 목사들에게 결정적인 영향을 끼쳐 한국 교회 성장에도 기여했다. 그러나 그의 주석과 설교는 분석과 수술은 잘했지만 꿰매고 수습하는 데는 약했다.

환언하면 그의 책을 참고해 작성된 설교를 듣고 신도들은 즐거움보다는 죄의식으로 괴로움을 더 많이 겪었다. 시대가 시대였던 만큼 그는 자기 나름대로의 아픈 상처를 헤집다 보니 긍정적이고 진취적인 면보다는 부정적이고 퇴영적인 면을 더 많이 취급했었다. 그가 남긴 유명한 명언 중 하나는 "I for Japan! Japan for world! World for Christ! Christ for God!" 나는 일본을 위해! 일본은 세계를 위해! 세계는 그리스도를 위해! 그리스도는 하나님을 위해!이다.

상처투성이의 일본인들

일본인은 교회에 출석은 해도 좀처럼 신앙고백을 하지 않는다. 10년 20년간 출석하지만 세례를 받지 않는 사람도 있다. 너무 많은 상처를 자신들 안에 가지고 있다.

기리시탄이라는 구교가 들어왔을 때 받은 고통도 그들에게 돌이킬 수 없는 상처가 되었다. 사무라이와 시민들 간의 차별 대우도 하나의 원인을 제공했다고 볼 수 있다. 그러나 무엇보다도 다양한 종교로 인해 그들은 많은 상처를 받았다.

불교와 창가학회남묘호렌게쿄, 오키나와의 유타무당, 조상 귀신을 섬기는 신사神社, 통일교, 옴진리교 같은 이단 사설에 미혹당해 재산과 자녀를 잃고 방황하는 일이 많다. 서로가 서로를 믿지 못하는 긴 세월을 살아왔기에 불신으로 열도가 꽉 찬 상황이 되고 만 것이다.

그들은 기독교도 종교 가운데 하나일 뿐 타종교와 비슷하다고 생각한다. 집에 십자가와 신단과 불단을 함께 진열해 놓고 있다. 여러 신들을 섬기면 더러 해코지할지라도 하나쯤은 복을 줄 것이라고 믿고 그렇게 많은 신을 섬긴다고 한다.

인간이 받은 상처는 인류의 역사만큼이나 길다. 시대에 따라 나라들이 민중을 다스리려고 종교를 만들어 섬기기를 강요하여 그들은 참종교를 섬기는 것보다는 보신을 위해 정부가 강요하는 종교를 섬길 수밖에 없었다. 이런 환경에서 민중의 심령은 갈가리 찢기고 마음에 안 들어도 새로운 종교를 믿는 시늉을 해야 했다.

그러다 보니 성격이 왜곡되고 표리가 부동한 인간성을 갖게 되었다. 무엇으로 이 상처투성이 일본인들의 심령을 치료할 수 있을까? 해답은 간단하다. 예수 그리스도시다. 그러나 치료의 묘약인 복음이 일본인들에게는 멀고도 멀다. 불신으로 꽉 찬 그들에게 복음은 생소하다. 유일하신 하나님의 개념이 없기에 이 복음을 100% 수용하기에는 많은 시간이 걸린다. 아니, 좀처럼 믿으려 들지 않는다는 말이다.

그들 속에 쌓인 잡다한 사상들이 벗겨지는 데 많은 시간이 걸린다. 그러나 일단 의문이 해결되면 그때는 상황이 달라진다. 세례 받고 신실한 그리스도인이 된 후부터는 믿어도 되는 보증 수표라 할 수 있다. 일본 선교는 인내의 싸움이다. 복잡한 문제들을 해결하고 순수한 마음으로 주 앞에 설 그날을 기다려야 한다. 인내하며 기다려야 한다. 누가 더 참느냐에 따라 열매의 많고 적음이 결정되기 때문이다.

〈빙점〉의 저자 미우라 아야코

한국 크리스천치고 여류 작가 미우라 아야코三浦綾子의 책을 안 읽은 사람은 거의 없을 것이다. 1964년 아사히朝日 신문 신춘 문예에 〈빙점〉이라는 소설로 응모해 천만 엔의 상금을 타고 일본 문단에 화려하게 등단한 그녀는 홋카이도北海道에 있는 아사히카와旭川 시의 초등학교 교사였다. 매스컴의 각광을 받은 그는 원죄를 다룬 〈빙점〉 이후 〈길은 여기에〉, 〈빛이 있는 동안에〉, 〈양치는 언

▲ 미우라 아야코의 집 앞에서 그의 남편과 함께한 단기 선교팀

덕〉,〈고통에는 슬픔이〉 등의 작품을 계속 발표했다. 한글로 번역된 것만도 수십 종에 이른다.

언제부터인지 일본인들은 그녀의 책들을 외면하고 읽지 않았다. 매스컴이 그녀를 '기독교의 변증가'라고 매도했기 때문이다. 신문, 잡지, 방송사들이 그렇게 평가하자 일본인들은 그녀의 책을 멀리했다. 오랜 세월이 흘렀다. 일본에서는 "이번에는 상을 이 사람에게 주면 어떨까?"라는 심사위원장의 한 마디에 수상자가 결정되는 경향이 많았다. 이것이 싫어 반발한 사람들이 만든 것이 '이하라사이카쿠井原西鶴'라는 상으로, 일본에서 두 번째로 유명한 문학상이다. 공정을 기하려고 최종 작품들에 못질하여 작가가 누구인지 모르는 상황에서 불편부당한 심사를 했다. 위원 6명 중 4명이 미우라 아야코의 〈총구〉라는 작품을 당선작으로 선정했다. "오랜 일본 소설 역사 가운데서 한 사람의 인격을 이처럼 존중한 예는 일찍이 없었다"는 것이 심사위원들의 한결같은 평가였다.

병약한 그녀의 자택으로 상패와 상금을 가져온 심사위원장에게, 미우라는 "나의 작품이 비로소 일본인들에게 인정받아 매우 기쁘고 만족스럽다"고 했다. 이 작품은 1994년에 출판되었고, 1997년에 한국어로 번역되었다.

〈총구〉는 한 전당포의 장남 류타가 아사히카와의 초등학교에 다니면서 담임에게 감동받고 자기도 교사가 되기로 작정하면서 전개되는 이야기이다. 류타가 중학교 2학년 때, 홋카이도 농장에 강제로 끌려온 한 조선 청년이 너무 배고프고 힘들어 탈출한 후 전당포 직원 집의 헛간에 숨어 있었는데 그를 류타 아버지가 데려다가 20여 일을 잘 먹여 건강을 회복시킨 후 은밀히 귀국시킨다. 귀국한 그는 항일 민병대 대장이 된다.

류타는 집에서 멀리 떨어진 학교 교사로 부임, 아동을 지도한다. 전시 체제여서 언론 통제가 극심했다. 삿포로에서 개최된 글짓기 클럽에 잠깐 참석해 이름을 적어낸 것 때문에 치안유지법 위반 혐의로 몇 개월간 유치장에 갇히고 결국 사직서를 쓴다.

형기를 마치고 출옥해 있다가 징집 영장을 받고 훈련소를 거쳐 만주 관동군 사령부로 전출된다. 상사들의 꾐을 받아 서무부나 매점에서 평안한 군생활을 한다. 그러다 소련이 2차 세계 대전에 참전하여 남하하는 바람에 만주 일본관동군 사령부는 괴멸된다. 류타는 야마다 상사와 한 그룹이 되어 조선 국경 쪽으로 남하하다 항일 민병대에 생포된다. 심문 과정에서 류타가 아사히카와 출신이고 기타모리 전당포의 아들이라면서 무릎을 꿇자 대장은 류타를 일으키며 자기 신분을 밝힌다.

류타는 이 대장이 자기 집에 숨겨져 있다가 감쪽같이 사라진 조선 청년 김준명이라는 사실을 알게 된다. 그들은 끌어안고 뜨거운 눈물을 흘린다. 소식을 듣고 모여든 대원들에게 김준명은 말한다. "이 류타 군은 위험을 무릅쓰고 내 생명을 살려준 은인의 아들이다. 그의 부모님께 돌려보내고 싶다." 찬성하는 자는 5, 6명뿐 다른 사람들은 소련군에게 인계해 버리자며 거절한다. 그때 그는 대원들 앞에 무릎을 꿇고 "아무리 적이라 할지라도 자비를 베푼 은인의 아들을 이대로 죽게 할 수는 없다. 꼭 그러고 싶으면 나를 먼저 쏴라"고 한다.

감동한 대원들은 대장의 말에 동의하고, 대장 준명은 그들을 나진까지 데리고 가 소련 사령부와 담판한 후 20톤짜리 디젤선에 태워 류타와 야마다 상사를 무사히 시노모세키로 돌려보낸다. 그날은 바로 일본이 항복을 선언한 1945년 8월 15일이었다. 류타는 귀국 후 군대에서 자기를 그렇게 아껴주던 고참 병사의 전사 사실을 전해 듣고 한동안 좌절에 빠져 신음하다가 다시 교단으로 돌아간다는 이야기다.

1996년 〈총구〉가 이하라사이카쿠 상을 받았다는 사실이 신문과 잡지 그리고 방송에 보도된 이후로 일본인들이 미우라의 책들을 읽기 시작했다. 그의 작품에는 거의 모두가 구원의 길로 인도하는 복음의 메시지가 담겨 있다. 책을 사랑하여 손에서 놓지 않는 일본인들이 마음을 열고 그의 책을 읽는다면 그들은 반드시 감동하게 되고, 성령께서 역사하신다면 아마도 우리 주님과의 인격적 만남이 이루어지게 될 것을 나는 확신한다.

사고방식의 차이

일본 교회의 목회자나 성도들은 어떤 일을 기획할 때 최소한 6개월에서 1년 정도 철저하게 준비한다. 완벽하게 준비하는 것 같지만 결과는 기대치에 못 미치는 경우를 자주 보았다. 한국 교회는 정반대다. 기획이나 준비 과정이 허술하고 임기응변적이다. 일본인들이 본다면 한국인들은 너무도 준비가 부족하고 무모하다는 생각이 들 정도다. 그러나 결과는 한국 교회 사람들이 해 놓은 일이 더 좋은 경우가 많다. 왜 그럴까? 그 이유는 간단하다. 한국인은 일본인에 비해 준비가 허술할지라도 하나님께 맡기고 기도를 많이 하는 반면, 일본인들은 기획을 하느라고 기도하는 시간을 거의 갖지 못하기 때문이다.

2001년 여름, 일본 동북 지역인 군마群馬현에서 단기 선교를 준비하는데 한 달에 한 번 2시간씩 회의를 했다. 실행위원장이 간단히 기도하고 나서는 지루할 정도로 상세한 부분까지 논의한다. 시계를 들여다보며 회의를 진행하다가 마칠 시간 5분 전이 되면 중요한 대목을 다시 강조하고 짧은 기도로 끝내 버린다. 어처구니없을 만큼 기도가 부족했다. 한번은 내가 기도회 인도할 시간 15분을 요청하여 9가지 제목으로 통성 기도를 시켰다. 나중에는 울먹이며 기도하는 분들도 있었다. 물론 상세한 계획을 세울 필요가 있다. 그러나 하나님의 사람인 우리는 성령님의 인도하심이 절대적으로 필요한 존재들이 아닌가?

일본인들처럼 자상하게 기획하고 준비하는 것도 중요하지만 기획에만 치중하면 그만큼 기도가 부족하기 쉽다. 물론 상세한 준비는 하지 않고 기도만 하는 한국 교회도 문제는 있다. 이 둘이 조화를 이루면 더욱 좋은 작품이 나오리라 생각한다.

'와和' 중심의 사고

일본에는 종교인이 전 인구의 212%라는 통계를 읽었다. 일본인의 인구가 1억 2,700만이니 212%라고 하면 계산상 종교인이 2억 7,100만 명이 된다는 말이다. 한 사람이 두세 개의 종교를 가지고 있는 셈이다. 일본은 백제에서 전해 준 불교를 국교로 삼아 온 백성이 신봉했다. 일본인들의 심정 속에 불교가 뿌리박혀 있다는 말이다. 또 어떤 일본인의 증언에 의하면 신사神社도 한반도에서 전래되었다고 한다.

또 3천 년 전에 유대인들 3천 명이 일본 열도에 들어왔다고도 한다. 신사의 지밀 안에는 다윗의 별이 새겨진 돌들이 길바닥에 깔려 있다고 하지만 아무도 본 일이 없으니 확인할 길이 없다. 유대인들의 행방이 묘연한 것은 신비요 비밀이다. 이런 추이로 볼 때 일본인들을 지배하고 있는 사상은 불교와 신사의 가르침 속에서 빚어진 것이라고 하겠다.

이 두 가르침은 인간 관계에 있어 조화를 중요시하며 조화를 깨뜨리는 것을 금기시하고 있다. 예를 들어 예수 믿고 세례를 받으면 가족이나 직장 동료 또는 친지들과 단절되어 화목을 깨뜨리는 결과가 생기기 때문에 과감히 신앙 고백을 하고 기독교로 개종하기가 어렵다는 말이다.

어떤 단체가 아주 평범한 일본의 시민을 대상으로 실시한 설문 조사에 의하면 "가장 희망하는 종교는 기독교다"라고 대답한 사람들이 70%라고 한다. 그러니까 대다수의 일본인들이 바람직한 종교로 기독교를 꼽고 있다는 말이다. 그럼에도 불구하고 기독교로 개종하지 못하는 이유는 가족과 이웃과의 관계를 중요시하는 조화 사상, 즉 '와' 和 중심의 사고 때문이라고 한다. 이것이 일본인들에게 구원의 길, 즉 예수 그리스도를 믿지 못하게 하는 최대 변수이다.

구원의 길은 오직 예수님 한 분밖에 없는데 인간 관계의 화목이나 화평을 중요시하느라고 하나님과의 진정한 화해를 무시한다면 사실 이웃과의 화해도 진정으로 이루어지지 않는다. 주님 안에서만 진정한 화해가 이루어지는 것이니 예수 그리스도를 통해 먼저 하나님과의 화목을 회복한 다음 이웃에 대한 화목을 도모하도록 해주어야 한다.

2부

내가 만난 일본인

미츠하시 목사와 진도아리랑

삿포로札幌에서 가장 아름다운 예배당이라고 일컬어지는 복음관 교회가 있다. 담임인 미츠하시三橋萬利 목사는 어릴 때 앓은 소아마비로 양쪽 다리와 오른 팔이 움직이지 않는 분이다. 왼손만 조금 움직이지만 들어올리지는 못하고 옷을 만지면서 올려야 할 정도로 부자유하신 몸이다. 그분은 불가능을 가능케 하는 주님의 은혜로 매일 기적을 이루며 사셨다.

내가 그분을 처음 만난 것은 일본에 와 3개월째 되던 1991년 3월 중순경이었다. 도쿄東京에서 110km 떨어진 다카사키高崎 시의 한 교회에서, 부흥회 강사로 온 미츠하시 목사 부부를 보았다. 사모님이 목사

▲ 홋카이도 뉴라이프 실행위원회 부회장 미츠하시 목사와 김준곤 목사의 만남

님을 등에 업고 강단 위 의자에 앉히는 모습을 보면서 '아, 눈에 보이는 천사구나'라는 느낌을 받았다. 연세가 지긋한 사모님의 미소를 봤을 때의 감동은 지금도 잊지 못한다.

미츠하시 목사는 홋카이도北海道 부흥위원회 위원장을 맡으신 후, 단 2명만 모인 교회일지라도 일일이 방문하여 인사하고 다녔다. 목사님을 차에 태워 교회에 도착하면 사모님이 먼저 내려 문을 열고 목사님을 업어서 그 교회까지 들어가곤 했다. 도내의 모든 교회를 방문해 협조를 구했다. 1996년에 뉴라이프 준비위원회가 결성될 때 위원장을 맡아 줄 것을 요청했으나 그는 극구 사양했다. 부흥위원장으로 일했기에 보수 교단 교회들이 혹시 반발할지도 모른다는 것이었다. 결국 그분은 부위원장으로 봉사했다.

1997년에 CCC 개척 사역을 위해 나와 아내가 삿포로로 이사한 후, 집에서 가깝기도 했지만 그분의 메시지가 너무 은혜로워 그 교회로 출석했다. 뉴라이프 기간 중, 나는 일본인들에게 진도아리랑 후렴 부분을 연습시켰다. 또한 그 멜로디에 맞춰 천지 창조부터 타락한 인간, 구세주 예수를 믿어야 한다는 내용이 담긴 일본어 가사를 만들고, 후렴은 한국어로 다함께 부르도록 했다. 특히 미츠하시 목사는 이 노래를 좋아하여 야외 예배나 옥외 집회가 있을 때마다 진도아리랑을 부르게 했다.

또한 그분은 손 대접하기를 힘썼다. 내가 2년 반의 삿포로 생활을 마치고 도쿄로 돌아온 후로도 매년 여름 뉴라이프를 섬기기 위해 그곳에 가면 그 교회의 게스트 룸에 머물렀다. 그는 자주 맛있는 음식을 대접해 주셨다. 언젠가 시간이 안 맞아 초대에 응하지 못하자 두고두고 애석해하셨다.

그분은 종종 이런 말씀으로 사모님을 위로했다. "이 담에 천국 가면 그때는 내가 당신을 업고 다닐 거요." 그는 수년 전에 하늘나라로 개선했지만 그가 남긴 향기는 지금도 사람들의 가슴을 따뜻하고 행복하게 해주고 있다.

기름 장수 나츠보리 씨

1997년 2월, 홋카이도 개척 사명을 띠고 도쿄東京 근교 도코로자와所澤 시를 떠나 삿포로札幌로 이사했다. 홋카이도는 겨울에는 눈이 많고 추운 날씨가 계속되기 때문에 실내는 24시간 난방을 해야 한다. 반면 공공 시설에는 냉방 장치가 없는 것을 보면 여름철을 시원하게 지낼 수 있다는 이야기가 된다.

삿포로 복음관 교회의 미츠하시三橋 목사 댁 근처에 집을 얻었다. 미츠하시 목사가 집주인과 교섭하여 1, 2층을 보증금 없이 월세만으로 살게 되었다. 이사하던 날, 2층의 두 방과 거실과 아래층에 산더미처럼 쌓인 짐을 본 성도들은 돌아갈 생각을 않고 짐을 정리해 주겠다고 덤벼들었다. 돌아가라고 몇 번씩 말했으나 그들은 이렇게 많은 짐들을 놓아두고 차마 돌아갈 수 없다는 표정을 지었다.

성도들을 돌려보내고 식사를 한 후에 사위와 딸의 도움을 받아 구상한 대로 짐을 착착 제자리에 놓았다. 사흘 후 저녁, 미츠하시 목사 부부를 초청하여 식사를 대접했다. 말끔히 정리된 구석구석을 돌아본 그는 "와! 사모님 센스가 있으시네? 그렇게 많은 짐을 이렇게도 완벽하게 정리하셨습니까? 참으로 놀랍습니다"라며 탄복했다. 결혼 후 이제껏 주님을 위한 나그네 삶을 살며 숱하게 이사를 다닌 덕에 이삿짐을 싸고 푸는 것은 익숙한 일이라는 사실을 그들은 미처 몰랐으리라.

1층 사무실에 난방 장치를 할 때 나츠보리夏掘라는 중년 아저씨가 난로를 설치했다. 카세트 레코더에 중국어 테이프를 걸어놓고 들으면서 작업했다. "아이고, 나츠보리상! 중국어 공부하시나요?" "예, 지금 3년째 공부하고 있는데 많이 익숙해졌습니다. 내년부터는 한국어를 공부할 예정입니다. 잘 부탁합니다" 하고 대답했다. 난방에 필요한 등유를 공급하는 일까지도 했는데 언제나 탱크에 기름을 채워 넣을 때 콧노래를 부르며 작업했다. 참으로 낙천적인 성격의 소유자였다. 복음관 교회의 신자들은 물론 그 지역에 살고 있는 대부분의 주민들이 그의 도움을 받을 정도로 그는 신용과 성실성을 인정받고 있었다.

최근에 들은 말인데 그가 교회에 출석하기 시작했다고 한다. 교회에 발을 들여놓게 된 가장 큰 이유 중의 하나가 "그리스도인들은 무엇인가 다르다"는 것이었다. 우리 집에 난로를 설치할 당시 내가 신앙생활 할 것을 권했을 때는 그저 웃으며 반응이 없었는데 당시의 간단한 전도도 교회 출석의 동기가 되었기를 바란다. 아마도 많은 고객들 가운데서 특히 복음관에 출석하는 성도들에게서 영향을 받았던 듯하다. 우리 집에서 작업을 했던 당시의 그의 결의가 대단했던 것으로 보아 아마도 그는 지금쯤 한국말을 상당히 잘하게 되었을 것이다. 나츠보리 씨는 아들에게 사업을 물려주었단다. 본격적인 신앙 생활을 하게 될 것이라는 기대를 가지며 그의 앞날을 축복하고 있다.

회장님은 하나님

1996년도 9월, 사역의 일환으로 일본의 최남단 섬인 오키나와沖繩를 방문했다. 세계선교교회의 게스트 룸에 머물며 날마다 교회를 순방했다. 예배당 안에 있는 숙소여서 새벽 예배에 참석했다. 새벽 예배는 아침 7시에서 8시까지였다. 게스트 룸에 머물 때는 늘 내가 예배를 인도하게 되었다. 참석자들은 장년 부부 7쌍이 전부였다. 기도회를 인도하면서 "여러분! 제 기도를 빼앗으십시오"라고 당부했다.

모리모토盛本라는 성도가 "실은 영업하던 약국 5개를 하나로 묶어 유한회사로 만들었는데 대책이 서지 않아 고민입니다"라며 도움을 청했다. "아, 그건 간단합니다. 오늘부터 회사의 회장은 하나님, 사장은 예수님, 전무는 성령님, 당신 부부는 관리인으로 내려앉으세요." 이 말에 부인이 "나르호도! 이이데스네!과연! 좋네요!"라며 탄성을 질렀다.

그 후 약국은 13개로 늘어났다. 또한 오키나와 시에서 70분 떨어진 곳에 200평의 땅을 구입하여 기도원을 세웠다. 모리모토 씨 부부는 사업이 아무리 바빠도 매주 월요일 저녁 일과 후에 기도원으로 가서 화요일 온종일 기도하고 돌아온다. 나도 기도원을 방문했다. 바닥 평수 40평을 2층으로 올린 건물이었다. 약 20명 정도의 합숙이 가능한 공간이었다.

나는 한국에서 보내 온 돌김을 선물하며 말했다. "이 기도원은 너무 좁네요. 앞으로 이 근처의 땅 1만 평쯤 사서 5천 명 이상 들어갈 수 있는 큰 회당을 지어 일본 열도의 다른 곳에서 또는 해외에서 이곳에 오는 분들이 일단 여기서 은혜 받고 나서 관광하도록 하십시오! 이곳 땅은 평당 얼마나 합니까?" "4만 엔 정도입니다." "좋습니다. 그러면 먼저 저와 제 아내가 한 평씩, 8만 엔을 바치기로 작정하겠습니다."

다음 주, 부부는 그곳에 가서 기도하다가 점심 시간에 기도원 이웃의 80세 동갑내기 부부를 찾아가 내가 건넨 돌김을 선물하면서 말했다. "나는 이 땅을 사서 건물을 짓는 데도 많은 힘이 들었는데 한국에서 오신 김안신 선교사님이 이 근처의 땅 1만 평을 사서 그 위에 5천 명이 들어갈 큰 회당을 지으라는 숙제를 주고 가셨어요. 참으로 부담스러운 주문이어서 걱정입니다." "아, 그렇습니까? 이 기도원 뒤의 1만 평이 제 땅인데 맘대로 쓰십시오." 그 부부는 돌김 한 팩으로 1만 평의 땅을 공짜로 쓸 수 있게 되었다.

그들은 FM 방송국을 개설하여 전도할 계획을 세우고 있다. 나는 그들에게 "오키나와 현민만을 위한 방송국을 하지 말고 북쪽으로는 러시아와 중국, 남쪽으로는 호주, 동쪽으로는 남북 아메리카, 서쪽으로는 유럽과 아프리카까지 미치는 성능 좋은 방송국을 개설하여, 지

▲ 오키나와 Win교회에 파송받은 광주 CCC의 단기 선교팀

구촌 239개의 모든 나라에 진출해 있는 일본인들이 듣고 구원받을 수 있도록 하십시오"라고 권했다.

어느 날 그는 인쇄소를 운영하는 친구에게 명함 5천 장을 주문했다. 그런데 보내온 명함을 보니 '사장'이라는 직함을 빼버린 채 이름만 기록되어 있었다. "이 녀석이 '사장'은 싹 빼버리고 이름만 쓰다니!"라고 투덜거리며 친구에게 다이얼을 계속 돌렸으나 불통이었다. 그런데 자기 속에서 이런 말이 들렸다. '너는 입으로만 관리인이고 명함에서는 여전히 사장이 되고 싶으냐?' 그는 황망히 무릎을 꿇고 엎드렸다. "주여! 저는 어디까지나 관리인입니다." 그 후로 그는 여전히 사장이라는 직함이 빠진 명함을 사용하고 있다.

최근에 그들은 2만 5천 평의 산을 구입했다. 그 곳에 오키나와 일본 복음화에 한몫을 담당할 시설을 짓겠다면서 내게 자문을 구해 왔다. 나는 기꺼이 협력할 것을 다짐하고 지금 지적도地籍圖에 내 나름대로 여러 가지 청사진을 그리고 있다.

'여기 희망이 있다'는 전단지

나가사키長崎 현 미나미시마바라南島原 시에 이소노いその라는 산부인과가 있다. 이 산부인과에는 흥미로운 간증이 있다.

졸업을 앞두고 국가 면허 시험을 준비 중인 의대생이 있었다. 그 날따라 공부가 너무 어려워 머리가 아파 견딜 수가 없었다. 도서관을 뛰쳐나간 그는 '왜 내가 이렇게 고생해야 하나?'라는 회의를 품고 거리를 방황하고 있었다. 그때 한국에서 온 단기 선교팀 자매에게 전도지 한 장을 받았다. '여기에 희망이 있다'라고 적혀 있었다. 비웃으며 찢어버렸다. 조금 더 가다가 또 전도지를 받았다. 방금 전에 받은 것과 같은 문서였다. 내가 이렇게 열심히 공부해도 미래에 희망이 없는데 이 따위 종이 쪽지에 무슨 희망이 있겠는가 생각하며 또 찢어버렸다. 그런데 조금 더 가다가 똑같은 전도지를 또 받았다.

이상하다는 생각을 하며 집에 가지고 가서 한숨 돌리고 읽어 보았다. 거기에는 〈빙점〉의 저자 미우라 아야코三浦綾子가 결핵을 앓던 중 죽음의 문턱에서 예수님을 믿고 구원받았다는 간증이 적혀 있었다.

전단지를 읽고 또 읽는 중에 가슴이 뜨거워졌다. 미우라 아야코가 체험한 예수님을 만난 것이다.

그는 드디어 신앙 생활을 시작할 것을 결심했다. 그리고 신실한 그리스도인이 되어 참된 용기와 희망을 발견했다. 열심히 공부하여 의사 자격증을 딴 그는 훗날 병원을 신축하면서 아예 예배당을 함께 지어 개척했다. 그가 개업한 병원 이름이 이소노 산부인과이다. 그의 병원 출입문에는 '임신 중절 사양' 이라고 적혀 있다. 근처에 있는 산부인과는 '임신 중절 가능' 이라고 써 놓았다. 이웃 병원은 영업이 잘 안 되고 있는데 이소노 산부인과는 예약을 해야 진료를 받을 수 있을 정도로 환자가 많다고 한다.

1998년도에 CCC 동아시아 본부의 주최로 실시된 '러브 큐슈Love Kyushu' 때, 이소노 원장은 자신의 옛 병원 시설 전체를 홍콩 팀 50명에게 숙소로 무상 제공했다. 하나님은 사람의 생각과 이성을 초월하여 행하신다는 것이 바로 이런 경우라고 믿는다.

생산 예산

먼저 우리 그리스도인이 받은 복이 무엇인가 생각해 보자. 하나님이 잃은 영혼들을 구원하시려 독생자를 보내셨고 믿음까지 선물엡 2:8로 주시어 구원의 반열에 들게 하셨다. 당신이 보내신 최고 최대의 선물 독생자를 영접하자, 하나님은 우리를 자녀 삼으시고 모든 것을 다 주셨다. 우리는 주님이 예비해 놓으신 하늘 창고에 들어가 원하는 것을 마음껏 가져다 쓸 수 있는 복을 누리게 되었다. 하나님은 우리가 갖기 원하는 것보다 더 주시기를 기뻐하신다.

1996년, 한국 연수회에 참여한 삿포로札幌의 한 자매는 차를 탈 때마다 늘 내 옆에 앉아 노트를 들고 경청했다. 그녀의 메모 솜씨는 메모광으로 소문난 내가 놀랄 만큼 빠르고 정확했다. 그녀는 '생산 예산'이라는 말에 흥미를 보였다.

생산 예산이란 '자기는 가진 것이 없으나 믿음으로 하나님의 기업을 성취할 수 있는, 사람의 눈에는 보이지 않는 돈'에 관한 이야기다. 하나님의 일은 돈으로 하지 않고 믿음으로 한다. 그러기 위해서는 자기가 원하는 일이 하나님의 마음에 합당한가를 먼저 살펴봐야 한다. 하나님의 뜻이라 확신하면, 목표를 세워놓고 목숨을 걸고 기도해야 한다.

최선을 다한 정성을 드려야 한다. 최선이란 첫째, 하나님이 인정하시는 최선이다. "오냐, 네가 정말 최선을 다했구나. 고맙다"는 주님의 인정하심을 받아야 한다. 다음으로 이웃이 인정하는 최선이다. "아, 저 성도 진짜 최선을 다했네. 참 대단하네" 하는 인정이다. 마지막으로 자신의 양심에 한 점 부끄러움이 없는 최선이어야 한다.

이렇게 3대 최선이 담긴 정성을 주님의 손에 올려드리고 기도하면서 모금하면 필요한 모든 것을 주님이 친히 앞장서서 차고 넘치게 채워주신다. 나는 목회 시절 어려운 가운데서도 예배당을 두 개 짓는 복을 누리면서 이 사실을 체득했다. 또한 CCC 간사로 일하면서 회관 이

전 등의 재정 문제가 생길 때마다 생산 예산의 실효성을 철저하게 체험하는 은혜를 누렸다.

내 옆에서 늘 메모하던 자매가 자신의 출석 교회에 왔던 한국 형제자매들을 CCC 회관에서 만났다. 그들은 이 자매에게 겨울에도 삿포로에 가고 싶다고 말했다. 그녀는 생산 예산을 떠올리며 기도하고 먼저 자기 주머니를 털어 바쳤다. 그리고 돌아가서 교회에서 모금을 시작했다. 36만 엔을 목표했는데 58만 엔이 모아졌다. 삿포로에 간 한국 형제 자매들은 날마다 일본 청년들과 교제하며 뜻있는 날들을 보냈다.

한국 팀원들과 함께 지내며 은혜를 받은 일본 청년들이 이번에는 자기들도 한국에 가고 싶다고 했다. 다시 기도하며 생산 예산을 실시했더니 목표액보다 2배 이상 모금되어 이듬해 3월에 다녀오게 되었다. 우리는 생산 예산의 개념을 잘 터득하고 하늘 창고에 믿음으로 자유로이 출입하면서 하나님이 기뻐하시는 일들을 계속 추진해 나가야 한다.

호흡기내과 전문의 미야기 박사

1996년 9월, 오키나와沖縄의 한 교회에서 '주 예수님의 3대 숙원 사업'이라는 제목으로 말씀을 선포했다. 성경 공부, 제자 훈련, 선교는 주님이 우리에게 거듭 명하신 사항이니 실천하는 것이 모두의 사명임을 강조했다. 메시지를 마친 후 기도하고 내려오기가 무섭게 담임 목사가 다음과 같이 도전했다. "여러분!

기도를 계속합시다. 성령께서 우리에게 결단을 촉구하고 계십니다. 우리의 사명이 무엇인가를 김 목사님을 통해 말씀해 주신 주님을 찬양합니다. 여러분에게 결단을 촉구합니다. 오늘 말씀을 듣고 세계 선교에 헌신할 분들은 바로 강단 앞으로 나오십시오."

그러자 일곱 명의 신자들이 나왔다. 중학생 정도의 앳된 아이들과 대학생 청년이 대부분이었는데, 30대 중반으로 보이는 남녀가 손을 잡고 나왔다. 오키나와 의료계에 잘 알려진, 실력 있는 호흡기내과 전문의 미야기宮城 박사 부부였다. 교회에서 섬김의 본을 보이는 기둥 같은 일꾼이었던 그들이 세계 선교에 헌신한 것이다.

그는 실력 있는 전문의로 오키나와는 물론 규슈九州, 나고야名古屋, 도쿄東京 등지에서 보낸 초청장을 받아들이고 있었다. 그러나 설교를 듣는 중에 우리 주님의 소명을 확실히 깨닫고 모든 초청을 거절했다. 경제적으로 보면 크게 손해보는 결정이었으나, 주님의 부르심을 최우선 순위에 두었기에 그렇게 과감한 결단을 내릴 수 있었던 것이다.

그는 한국 CCC가 운영하고 있는 파키스탄의 카라치 선한이웃병원에서 수년간 수고하였다. 환자들을 돌보는 그의 헌신적인 모습을 지켜본 주위 사람들은 참으로 귀한 주님의 일꾼임을 인정하고 그를 존경하였다. 현재 그는 일본 정부에서 파키스탄에 파송한 의료 관계의 직원으로서 현지인들과 일본인들을 향한 간접 전도로 주님의 뜻을 펴고 있다.

그가 보낸 메일을 읽으면 주를 향한 그의 헌신의 열정과 사모하는 모습이 전해져 온다. 돈과 명예와 지위를 얼마든지 누릴 수 있는 위치에 있으면서도 오직 주님만을 위해 낮은 곳으로의 삶을 추구하는 이들 부부의 자세가 참으로 아름다워 감격스럽다.

요시다 마유미 집사의 간증

며칠 전 제가 섬기는 교회의 담임 목사님이 "요시다 집사님이 신앙 생활을 하면서 가장 큰 영향을 받은 사람은 누구입니까?"라고 질문하셨습니다. 저는 즉시 "CCC의 김안신 목사님입니다"라고 대답했습니다. 김 목사님을 만나기 전, 저는 세례를 받기는 했지만 전적인 세상 사람이었습니다. 성경을 읽기는 했지만 성경의 가르침대로 살지 않고, 스스로의 생각대로 살았습니다. 불가능이 없으신 하나님이신데도, 현실적으로 생각하여 불가능하다고 치부하며 구하지 않았습니다.

그런 저에게 김 목사님은 "하늘의 금고는 깨지지 않습니다. 하나님 아버지는 무엇이든 주려고 하시는데, 우리가 구하지 않는 것입니다"라고, 여러 예화를 통해 알기 쉽게 하나님에 대해 말씀해 주셨습니다. 그리고 생산 예산이라는 것을 가르쳐 주셨습니다. 생산 예산이란 내게 현금은 없으나 하늘 창고에 하나님이 예비해 놓으신 돈을 가져다 쓰는 믿음의 방법에 관한 것이었습니다. 내게 아주 적은 돈밖에 없어도 정성을 다하여 그걸 주님께 바치고 믿음의 창고를 바라보며 최선을 다한다는 하늘의 방정식이었습니다. 이것을 들은 후부터, 저는 하나님께 기대하면서 절대적으로 이루어질 것을 믿으며 기도하게 되었습니다.

10년 전에 저희 교회에서 개척 전도를 시작하게 되어, 목사님의 거처와 예배당을 찾기 시작했습니다. 신문 광고를 보다가 경매 물건 중에서 적절한 집을 발견했지만, 총회를 개최하는 과정이 지연되기도 하고 고가이기도 해서 결정하지 못했습니다. 다들 낙심했습니다. 하지만 그때 저는 생산 예산에 대한 말씀을 떠올렸고, "돈이 없는 우리에게도 하나님은 반드시 예배당을 주실 것"이라고 모두에게 선포해 버렸습니다.

그로부터 얼마 지나지 않아, 아무도 입찰하지 않았는지 신문 광고에 다시 그 물건이 게재되었습니다. 그것도 이전 가격의 반액 정도로 말입니다. 저희는 크게 기뻐하며 입찰 수속을 했습니다. 입찰 금액도 최저 입찰 가격에 가까운 금액을 다니엘서를 통해 보여 주셔서, 그 가격으로 입찰했습니다. 개찰일인 12월 25일에, 할렐루야! 놀랍게도 낙찰자로서 저희 이름이 불린 것입니다.

경매 물건은 사전에 내부를 볼 수 없게 되어 있는데 드디어 안에 들어가 보니 얼마나 굉장한지요. 목사님이 사실 수 있는 주거 공간도 있고, 아틀리에였던 장소는 예배당으로, 뒤쪽에 있는 방은 모자실로 적합했으며, 큰 목욕탕 욕조는 침례용으로 사용하기에 딱 좋았습니다. 저희는 하나님의 위대하심에 압도되었습니다. 이것은 하나님의 역사임에 틀림없음을 진심으로 하나님께 감사드리며 그 이름을 찬양했습니다.

하나님은 생산 예산을 믿는 저희에게 이 사건을 통해 확신을 주셨습니다. 저는 이제 주어진 비전은 반드시 하나님께서 이루어주신다는 것을 믿으며, 다음 비전은 어떤 식으로 성취될지 기대하며, 기쁨으로 그것이 실현될 것을 기다리고 있습니다.

―기타미 메구미 그리스도 교회 집사

이제나 미에코 씨의 간증

"너는 말씀을 전파하라 때를 얻든지 못 얻든지 항상 힘쓰라 범사에 오래 참음과 가르침으로 경책하며 경계하며 권하라"(딤전 4:2).

저는 1999년 11월에 오키나와(沖繩)에서 개최된 LTC 사영리 전도 교육을 받았습니다. 그때 강사인 김안신 목사께서 "사영리 전도는 처음에는 성공하지 못해도, 100번 이상 전하면 그 후로는 반드시 영접하는 사람이 많이 생깁니다. 처음에는 주변에 있는 물건에게 읽어 주면서 연습하십시오. 어쨌든 100번은 도전해 보십시오"라고 말씀하셨습니다.

그 말씀을 듣고, '좋아! 그렇다면 어쨌든 100번, 이 사영리 책자를 무엇

▲ 단기 선교 기간 중 사영리로 전도하는 강습회에서 사영리를 연습하는 모습

에든지 전해 봐야지. 그러면 전도를 못 하는 나에게도 하나님께서 축복을 보여 주실 거야'라고 생각하며 도전하기로 했습니다. 강습회 때는 물론 옆사람끼리 연습했지만, 집에서도 냉장고나 컵 등을 향해 "냉장고 씨, 당신은 풍성한 삶을 위한 네 가지 법칙에 대해 들어본 적이 있습니까?"라는 식으로 연습하기 시작했습니다. 그 강습회에는 전도 실습 시간도 있어서, 밖에 나가 모르는 사람에게 전도하는 훈련도 받았습니다. 2명이 한 조가 되어 전도했는데, 그때는 한 사람도 결신자가 없었습니다.

하지만 강습회를 마친 날 밤, 맡겨 둔 아이들을 데리러 친정에 갔을 때 어머니에게 사영리 전도를 해 보았습니다. 예수님을 영접하도록 초청했을 때 어머니는 상당히 주저했지만, 저는 초조해하지 않고 어머니가 기도할 때까지 기다렸습니다. 그리고 다시 한 번 권했을 때, 어머니는 마음을 열고 예수님을 영접하는 기도를 하셨습니다. 너무나 감사했습니다. 하지만 그 후로 사영리 전도를 100번 한다는 결심도 어느새 시들어 버렸고, 1999년에는 15번 정도에 그치고 말았습니다.

2000년 정월 초하루, 나고야名古屋에서 남편의 조카가 할머니 댁에 연말부터 놀러 와 있기에, 신년 예배에 초청하여 함께 교회에 갈 수 있었습니다. 그리고 이 조카에게 어떻게든 예수님을 전하고 싶다는 생각이 들었는데 가방을 보니 마침 사영리 책자가 들어 있었습니다. 강습회에서 사용했던 책자를 가지고 있었던 것입니다. 즉시 조카에게 사영리를 전했습니다. 결과는 영접까지는 이르지 못했지만, 정월 초하루부터 전도할 수 있었다는 사실이 기뻐서, '그래! 잊고 있던 사영리 전도 100회를 올해의 목표로 하자. 하루에 한 번, 누군가를 전도해야지. 할 수 없을 때는 냉장고나 컵에게라도'라고 결심했습니다.

그러자 다음 날에는 제 조카가 집에 머물게 되어 그 조카에게도 예수님을 전했습니다. 그 조카는 어린아이였기에 사영리를 그대로 읽지 않고 금색하나님, 검정색죄, 빨강색십자가, 흰색구원, 녹색성장의 색상을 사용하며 전도했더니 예수님을 영접했습니다. 3일째에는 기회가 없어서 딸을 상대로 연습하였고, 4일째에는 아들 친구가 집에 와서 그 아이에게 전했습니다. 그 후로도 전도 대상자가 계속 주어졌습니다.

지금까지도 영혼 구원을 위해 기도는 해왔지만, 제가 전도할 수 있도록 기도한 적은 별로 없었습니다. 하지만 올해는 달랐습니다. 100명 전도가 목표이기에 아침마다 "오늘 전도할 상대를 허락해 주세요. 또 전할 수 있도록 인도해 주세요"라고 전도를 위해 기도하게 되었습니다. 인도하심이 있으면 전하고, 전하지 못하면 집에서 냉장고나 컵 등에게 말을 걸고 있습니다. 그러다 보니 조금씩 암기하게 되었습니다. 그랬더니 자연스럽게 말이 나오게 되기에 더 많이 암기하려고 노력했습니다.

또한 교회 형제 자매에게 "올해는 하루에 한 번 누군가를 전도하기로 했어요"라고 했더니, "제 친구에게도 사영리를 전해 주세요"라는 부탁을 받게 되어, 전할 상대가 주어지는 것도 감사한 일입니다. 아이들 유치원교회 부속 부모들에게도 "저기, 저의 올해 목표인데요, 하루에 한 번 누군가에게 예수님을 전하려고 해요. 그러니 들어 주지 않을래요?"라고 부탁하여 전하기도 합니다. 예수님을 영접하는 사람도 생겼습니다.

어느 날은 유치원 선생님의 남편이 휴일이라 뜰에서 아이들과 놀고 있었습니다. 주위에 아무도 없기에 기회라 생각하고 아내인 선생님을 찾아갔습니다. "선생님, 남편 분은 사영리에 대해 들어 보신 적이 있나요? 전해 보고 싶은데요." "전에 들은 적이 있을 거예요. 하지만 해보세요. 저도 지금 남편이 누군가를 만나서 전도를 받았으면 좋겠다고 생각 중이었어요"라고 선생님이 말했습니다.

하나님께서 저를 밀어주고 계신다는 생각이 들어 말을 걸어 보았습니다. 그러자 남편은 사영리에 대해서는 처음이었습니다. 결과는 영접하지는 않았지만 믿음에 대한 그의 생각을 듣기도 하고 저의 간증도 할 수 있어서 감사했습니다. 그 후로 아내인 선생님에게 "그 날 이후 남편은 분명히 마음이 열리고 있어요"라는 보고를 받았습니다.

애초에는 하루에 한 명이 목표였지만 좀처럼 전도할 기회가 없는 채로 날짜가 지나는 경우도 있습니다. 하지만 기회가 있으면 언제든지 전하려고 사영리를 항상 가지고 다닙니다.

"너희 안에서 행하시는 이는 하나님이시니 자기의 기쁘신 뜻을 위하여 너희에게 소원을 두고 행하게 하시나니"빌 2:13라는 말씀에 있는 대로, 저의 100명 전도는 주께서 인도해 주신 것이라고 생각합니다. 100명을 전도한 후에 하나님께서 저의 전도 사역에 어떻게 역사해 주실지 기대하며 최선을 다하고자 합니다. 결과는 주님께 맡기고 너무 무리하지 않으면서 마이 페이스로, 하지만 언제든지 전할 수 있는 준비를 하며 성령님께 의지하여 나아가겠습니다.

참고로, 2000년 1월에 전도한 사람은 16명. 결신자는 어른 3명 어린이 9명이었습니다. 또한 사영리 전도를 통해 결신한 저의 어머니도 올해부터 예배에 참석하게 되었습니다. 감사!

- 나하 침례교회 집사

기타가마에서 일어난 다섯 가지 기적

오키나와沖繩 요미탄讀谷 지역에 기타가마北窯라는 도자기 공장이 있다. 15년간 도자기 제조 기술을 연마한 한 형제가 이 공장을 시작하여 20년의 세월이 흘렀다. 주로 서민이 일상 생활에서 긴요하게 쓰는 컵이나 밥그릇, 다기茶器 등을 생산하는데 오키나와 내의 50여 개의 공장 내에서 타의 추종을 불허하는 명품을 생산하고 있다. 일본 국내는 물론 해외 여행객들도 이곳의 제품들을 사 간다. 얼마 전 오카자키岡崎 도자기 연합회가 개최한 품평회에서 그랑프리를 탔다. 이 가마의 운영자는 2남 2녀의 자녀를 둔 독실한 기독교 신자다.

직원 중 하나가 출석 교회에서 단기 선교에 참가한 한국 대학생들의 섬김을 보며 감동했다. 매년 그들을 만날 때마다 이렇게 살아서는 안 되겠다는 다짐을 했다. 그는 이 도자기 공장의 후계자로 지목된 실력자였다. 결국 6년을 근무한 후 사표를 내고 CCC 간사가 되었다. 일본에서 학생 시절 CCC와 관계를 맺지 않고서도 간사가 된 첫 사례였다. 그는 나고야名古屋 CCC에서 아주 성실한 전도자로서 주님의 제자 양육에 최선을 경주하고 있다. 이것이 기타가마에서 일어난 첫 번째 기적이다.

가마를 운영하는 형제의 큰딸은 찬양에 특별한 은사를 받았다. 딸은 헌신하여 신학교를 졸업한 후 사역하다가 신실한 전도사를 만나 새 가정을 이루었다. 지금 간사이關西 지역의 큰 교회 부교역자로 섬기면서 목회자의 길을 연마하고 있다. 그 가정에 일어난 두 번째 기적이다.

그 형제의 아내는 담임 목회자가 바뀌는 과정에서 많은 갈등을 겪으며 상처를 받았다. 섬길 교회를 찾아다니던 어느 날 기도하다가 "목사가 되어 나를 섬기라"는 주님의 음성을 들었다. 정말 뜻밖이었다. 그녀는 신학 공부를 마치고 남편이 일하는 그 가마에서 개척을 시작했다. 주로 가족과 친족이 모이는 예배였으나 항상 은혜가 넘쳤다. 나는 오키나와를 방문할 때마다 그 교회에서 말씀을 나누곤 한다. 그녀가 목회자가 된 것이 세 번째 기적이다.

그의 두 아들은 모두 주님께 헌신했다. 장남이 헌신한 후 신학을 공부하려고 싱가포르에 가 있는 동안 차남도 헌신하여 오사카에서 신학 공부를 시작했다. 일본에서는 부친의 가업을 자식이 이어받는 것이 당연지사로 되어 있는데 이 가마의 후계자인 아들들이 헌신하여 하나님의 종의 길을 걷게 된 것이 이 곳에서 일어난 네 번째 기적이다.

어느 날 그 가마를 방문했을 때, 형제는 집 지을 땅 300평을 사 두었으니 기도해 달라고 했다. 그 땅을 돌며 여리고 작전을 펼쳤다. 가시나무를 헤치며 한 바퀴를 돈 다음 한가운데 서서 그 부부와 손잡고 기도했다. 내 입에서는 나도 모르게 "이 곳에 하나님의 집을 짓게 하소서"라는 기도가 나왔다. 나도 놀랐지만 그 부부는 더 놀랐다. 결국 그 곳에 아름다운 예배당을 지어 봉헌했다. 이것이 그 가마에서 일어난 다섯 번째 기적이다.

그들은 지금도 지역 전도에 심혈을 기울이고 있다. 머잖아 요미탄 지역을 비롯한 오키나와 전체에 놀라운 영적 변화가 미칠 것을 기대하며 기도하고 있다.

한 신학교 졸업생의 코멘트

제주 출신의 유수한 장로 기업가가 도쿄東京 근교에 기도원을 열어 성도들의 안식처를 마련하고, 또한 도내에 신학교를 세워 일꾼들을 양성하고 있다. '일본을 그리스도에게로JTJ!'라는 이름의 신학교인데 소명 받은 자는 누구나 사회 생활을 하면서 자유롭게 공부할 수 있는 길을 열어놓았다. 존경스러운 분이다.

어느 해 이 신학교 졸업식에 초청을 받았다. 졸업생들의 결의는 대단했다. 소감을 말하는 순서가 되자 한 졸업생이 이런 말을 했다. "지금 일본 열도에 살고 있는 1%의 크리스천들이 한 알의 밀알이 되어 죽으면 일본은 반드시 복음화될 것입니다." 나는 큰 감동을 받았다. 일본인 신학생 가운데 저런 젊은이가 있다니! 성경은 늘 "네 믿음대로 될지어다"라고 가르친다. 이 말씀은 우리 주님이 자주 하신 말씀이요 사도들과 제자들 그리고 가고 오는 모든 세대의 크리스천 지도자들이 외쳤던 메시지이다.

신학교를 졸업하는 젊은이가 이런 비전을 가지고 있다면 일본 복음화의 전망은 매우 밝다고 본다. 나는 일본이 주님의 영광을 위해 한 번은 귀하게 쓰임 받을 것이라는 믿음을 가지고 있다. 일본 교회와 신학교들이 비전을 가진 일꾼을 계속 키워간다면 불행한 역사를 되풀이 했던 일본이 그 빚을 탕감받을 날이 올 것이다.

3부

가능성이 무한한 일본 교회

가능성이 무한한 일본 교회

일본의 주요 도시를 비교적 많이 돌아본 나는 기이한 현상을 발견했다. 한국 교회와 자매 결연을 맺고 왕래하는 일본 교회는 지역을 불문하고 크게 성장 발전하고 있다는 사실이다.

1985년, 한국 CCC가 부암동 훈련원 준공 기념으로 한·일 목회자 300명씩을 초청하여 교회 성장 세미나를 개최했다. 세미나를 마치고 한·일 양국 간에 자매 결연을 맺도록 주선했다. 이때 도카이東海 지방에 있는 이치노미야一宮 시의 한 목사는 서울의 모 교회와 자매 결연했다. 그 후 매년 성도들을 데리고 한국에 가고, 또 한국의 성도들을 초청해 교제하며 부흥을 모색했다. 당시 30명 전후로 모이던 이 교회는

▲ 한글 현수막을 들고 단기 선교팀을 환영하는 일본 교인들

지금 수백 명이 모이는 중대형 교회로 성장했다. 물론 한국의 그 자매 교회도 크게 부흥하였다.

각 지역에서 계속 이런 일이 일어나고 있다. 일본 교회는 부흥 성장할 가능성이 무한하다. 1991년에는 400명 이상 모이는 교회가 일본에 4개밖에 없었다. 지금은 대형 교회가 점점 늘고 있다. 개척한 지 불과 4~5년 만에 수백 명 모이는 교회가 있는가 하면 개척 10년 만에 1천 명 이상 모이는 교회도 있다. 물론 문 닫은 교회도, 폐문 직전의 교회도 있다. 그런 교회는 자유주의적인 교회로서 성경을 비신화화성경에 기록된 초자연적인 힘, 기적, 구속 사건, 곧 성육신, 죽음, 부활, 승천, 재림 등도 모두 신화론적 서술로서 신화론적인 것은 성경에서 배제되어야 한다는 주장하거나 아예 전도할 생각을 하지 않거나 일꾼을 키우지 않았기 때문이다. 그러나 대부분의 복음주의 교회는 성장하고 있다. 교회의 회원 수는 늘지 않아도 예배 참석자는 꾸준히 늘고 있는 것이다. 이는 구도자가 하나 둘씩 교회로 모여들고 있다는 증거이다.

'일본 교회는 부흥이 안 된다'는 말은 누구도 할 수 없는 말이고 또 그렇게 말해서도 안 된다. 하나님이 일본 선교를 포기하지 않는 한 일본 선교의 문은 무한대로 열려 있다. 부흥을 위해 눈물 흘리며 기도하고 성장을 위해 발버둥치는 일본 교회를 도와야 한다.

일본은 우리의 가장 가까운 이웃이다. 일본은 예루살렘에서 여리고로 내려가다가 불한당 만나 옷 벗김 당하고 가진 것 다 빼앗기고 얻어맞아 거반 죽게 된, 목숨까지 위태한 지경에 이른 어떤 사람이다. 우리는 그들을 외면하는 제사장이나 레위인이 되어서는 안 된다. 선한 사마리아 사람같이 돕는 자가 되어야 한다. 일본은 오래 전에 역사적으로 한국에서 많은 것을 배운 나라다. 예수님도 하나님도 배워야 한다. 조금만 도와주면 우리보다 오히려 더 잘 할 사람들이다. 가능성이 무한한 일본 교회를 돕는 일에 앞장 설 나라는 한국뿐임을 명심하자.

유수한 D교단장의 탄식

1990년대 하반기에 접어든 어느 날, 일본의 유수한 D교단의 105주년 기념 행사에 초청받아 갔다. 요코하마橫浜의 큰 호텔에서 열린 이 행사에는 전국 교회의 지도자들과 성도들, 교단과 관계된 외국인들도 여러 나라에서 초청되어 왔다. 진행되는 프로그램을 통해 격려와 도전을 받았다. 한 선교사가 이 땅에 와서 피와 땀과 눈물이 얼룩진 세월을 보내면서 하나 둘씩 개척한 교회가 성장하고, 그 교회들이 또 다른 교회를 개척한 결과 오늘의 교단이 되었으리라는 생각이 들어 감격스러웠다.

그런데 리셉션 시간에 교단장의 말에 충격을 받았다. 그는 여러 가지 말로 하나님과 여러분에게 감사한다는 전제를 하고 나서 탄식하듯이 이렇게 덧붙였다.

"지금부터 100여 년 전, 두 기독교 단체가 일본에 상륙했습니다. 하나는 우리 교단이고 다른 하나는 여호와의 증인입니다. 우리 교단은 178 교회에 신자는 주일학교 학생까지 포함해 8천 명입니다. 그러나 여호와의 증인은 48만 명입니다. 우리는 참 복음을 전하고, 저들은 변질된 복음을 전합니다. 참 복음을 전하는 우리는 이렇게 약한데 저들은 왜 그렇게 왕성할까요? 이유는 단 한 가지입니다. 저들은 열심히 전했고 우리는 전하지 않았습니다. 전도하지 않은 죄를 회개하고 분발합시다."

내가 일본에 오던 해1991년, 일본 개신교단의 예배 출석수가 26만 5천 명인 반면 여호와의 증인은 48만 명이라는 사실을 발견하고 적잖게 놀랐던 기억이 지금도 새롭다. 둘씩 짝지어 전도하는 팀이 18만 명이 넘는다.

그들은 이집 저집 찾아다니며 잘못된 진리를 전하고 있다. 반면 일 년이 지나도록 전도지 한 장 배포하지 않는 교회도 많다. 일본은 전도가 안 된다는 선입견이 목회자로부터 온 성도의 머리에 꽉 차 있어서일까? 아니면 유일한 참 구원이신 예수 그리스도의 복음에 대한 확신이 없어서일까? 안타까운 부분이다.

어떤 의미에서 여호와의 증인들의 열심은 일본도 전도가 가능하다는 사실을 입증해 준 셈이다. '옴진리교'나 '법의 꽃' 등 이단사설이 판치므로 종교에 식상한 일본인들은 기독교도 다른 종교와 다를 바 없다고 생각한다. 그렇다고 참된 생명의 길에 대해 가르치며 전하기를 게을리한다면, 불신자들의 피값을 어떻게 감당할까 겁이 난다. 지금은 은혜 받을 만한 때요 구원의 날이므로 전도하는 일에 발 벗고 나서야 한다.

 ### 전도가 자살한 나라(?)

일본 땅을 밟은 지 3개월째인 1991년 3월 하순, 아직 추위가 어깨를 움츠러들게 하는 어느 날 오후에 사람들이 많이 이용하는 전철역 앞에서 정장하고 전도지를 나눠주기 시작했다. 훈련받은 대로 허리를 90도로 숙이며 전도지를 내밀고 "오네가이시마스부탁드립니다!"라고 했지만 전혀 받지 않았다. 다가서면 저쪽으로 피해가면서 "이이데스됐어요"라고 냉정하게 거절하는 것이다. 한 시간 가량 애썼으나 결국 한 장도 받아든 사람이 없었다.

쓸데없는 짓이라는 생각이 들어 그만둘까 하는데 20대 중반쯤의 젊은 여자가 한 장을 받아가는 것이었다. 너무 감동이 되어 "허어!" 하며 그녀의 뒤를 바라보고 있었다. 그런데 몇 걸음 걸어가다가 눈에 보이는 쓰레기통에 그대로 던져버리는 것이 아닌가! 참으로 어처구니 없고 비통한 장면이었다.

오사카大阪에서 사역하는 한국인 선교사가 어느 비 오는 날 기드온 협회의 성경을 대학 정문 앞에서 배부하고 있었다. 한 학생이 억지로 받아가지고 가다가 질퍽거리는 땅바닥에 내동댕이쳤다. 흙탕물이 범벅된 성경을 집어 들면서 우리 주님의 몸이 갈가리 찢기는 아픔을 느꼈다며 눈물 흘렸다.

여러 해 사역한 서양인 선교사가 보고서에서 "일본은 전도가 자살한 나라다"라는 표현을 썼다. 일리 있는 결론이었을 것이다. 그러나 천만 가지가 불가능해 보일지라도 한 가지 상황만 잘 전개된다면 그 모든 불가능은 반드시 가능하게 된다. 전능하시고 무소부재하신 참 하나님께서 일본의 구원을 원하신다면 우리는 그분의 뜻에 절대 순종하면서 일하면 된다. 바울같이 심고 아볼로같이 물 주는 일을 열심히 해야 한다. 결과는 자라나게 하시는 하나님께 맡기고 심는 일과 물 주는 일에 최선을 다한다면 주님께서 일본 열도에 그리스도의 계절을 주실 것이다.

성경에 목숨 건 신앙

일본 교회는 초교파적으로 매년 7월 후지산富士山 등산기도회를 개최한다. 등산하면서 중간 중간 예배를 드리고 정상에서는 일본 복음화와 세계 선교를 위해 부르짖는다. 후지산은 3,776m로 백두산보다 1,026m가 더 높다. 후지산은 일본인들이 보물로 여기는 곳이다. 후지라는 이름을 가진 회사만도 일본에 500개가 넘는다. 온갖 우상 단지를 만들어놓고 영산靈山이라 부른다. 일반인들은 우상에게 절하기 위해 오르지만 우리 신자들은 창조주 하나님께 예배하기 위해 오른다.

1991년 7월, 한국의 교계 지도자 25명을 초청해 후지산 등산기도회에 참가시킨 일이 있다. 숙소인 구단시타九段下 회관의 세미나실에서 성서그리스도 교회의 담임 오야마尾山 목사를 초청해 말씀을 들었다. 그는 친한파로서 한·일 국교가 정상화된 이후 전국에서 1천만 엔

▲ 오키나와 단기 선교 참가 교회 지도자들의 준비 모임에서 광주 CCC 단장의 사역 설명

을 모금하여 수원 제암리교회를 재건한 장본인이다.

그는 충격적인 말을 두 가지 했다. 하나는 지금 일본인의 60~70%가 한반도에서 건너온 사람들의 후예라는 것이다(94%라는 주장도 있음). 어떤 목사가 "그러면 당신네의 조상은 누구입니까?"라고 묻자 "한국 사람이었을지 모릅니다"라고 대답했다. 또 한 가지, 한·일 양국 교회를 비교하여 이렇게 말했다. "한국 교회 신자들은 성경이 가라고 하면 가고, 오라고 하면 오고, 돌아서라면 돌아서고, 버리라 하면 버리고, 바치라 하면 바칩니다. 성경에 목숨 건 신앙을 가지고 있기 때문입니다. 그러나 일본 신자들은 그렇지 않습니다. 여러 가지 핑계를 대면서 가지도 오지도 바치지도 버리지도 않습니다. 여러분! 제발 부탁합니다. 한국 교회처럼 성경에 목숨 건 신앙을 일본인들에게 전수해 주십시오." 그는 두 번이나 일어나 90도로 머리를 조아리면서 당부한다고 했다.

가슴이 뭉클했다. 저분이 말씀한 성경적 신앙을 전수하는 것이 바로 나의 사명이 아닐까? 주님께서 내게 이 일을 시키시려고 CCC 간사로 15년간 사역하면서 성경을 연구해 가르치게 하셨고, 또 14년간 성경 신학에 입각한 목회를 하게 하셨구나 하는 생각이 들어 눈물이 핑 돌았던 기억이 지금도 생생하다.

그렇다. 우리의 유일하며 절대적인 표준은 성경이다. 우리는 성경이 말하게 해야 하고, 성경이 말하는 대로 순종해야 한다. '성경에 대한 지식'은 많으나 '성경'을 모르고, '예수님에 대해서'는 잘 아는데 막상 '예수님'을 모르는 일본인. 일본의 일반 서점에서는 성경과 기독교에 대해 악평하거나 예수님을 매도한 책들을 쉽게 입수할 수 있다. 하지만 하나님과 예수님과 성경에 대한 진실을 기록한 책은 성경 이외에는 눈을 씻고 보아도 찾기 어렵다. 이는 오늘날 일본의 커다란 비극이기도 하다. 성경은 양이 많고 어려워서 쉽게 접근하기가 힘들다. 그렇다고 포기해서는 안 된다. 부지런히 성경을 연구하고 가르치고 실천하도록 해야 한다.

이성 문제에 엄격한 일본 교회

도요하시豊橋에 있는 한 교회에 15명의 한국 학생들이

와서 전도 활동을 전개했다. 그 교회는 한국에서 배운 대로 매주 금요 철야 예배를 드리고 있었다. 대원들이 참석해 기도하던 중 잠시 휴식 시간을 가졌다.

장의자에 앉아 잠깐 눈을 붙이기도 하고 더러는 피곤해 의자에 누워 있기도 했다. 남녀 학생들이 예배당에 함께 있었다. 이 광경을 목격한 그 교회 목사가 나에게 전화를 걸어 왔다. "한국 교회는 남녀가 구별 없이 한 자리에 앉아서 철야해도 됩니까?"라는 질문이었다. 나는 뭐라고 대답해야 좋을지 몰라 잠깐 망설이지 않을 수 없었다.

일본의 성윤리는 갈 데까지 간 상태다. 만일 교회의 성윤리마저 무너진다면 일본은 성적으로 완전히 끝나고 만다. 일본 교회는 남녀 문제에 대해 아주 엄격하다. 소돔과 고모라에 의인 열 명이 없어 망하고 예루살렘 성은 한 사람이 없어 멸망한 사건을 우리는 잘 알고 있다. 일본 교회가 비록 교세는 약하지만 이런 면에서 매우 진지하기 때문에 일본 열도에 내릴 심판을 주님이 유예하고 계신지도 모른다.

그렇다고 일본 크리스천들이 이혼하지 않는다는 말은 아니다. 크리스천 중에도 결혼 몇 년 만에 별거, 이혼하는 일이 많다. 교회 지도자들이 일본의 성윤리를 자세히 알고 있기에 더 악화되는 것을 막아보자는 의미에서 이성 문제에 대해 강경한 자세를 취하고 있는 것 같다.

나는 언젠가 지도자들이 모인 자리에서 이런 말을 했다. "만일 어떤 일로 일본의 모든 크리스천들이 배나 비행기를 타고 일시에 일본 열도를 떠난다면 그 순간 일본은 침몰될지도 모릅니다. 부패 타락한

▲ 단기 선교팀이 삿포로 공항에 내렸을 때 실행위원들이 환영하는 모습

일본 열도를 심판하고 싶어도 사랑하는 자녀들이 살고 있어 하나님이 심판하지 못하고 계셨는데 자녀들이 모두 일본을 떠났으니 이때다 하고 유황불을 쏟아 부으실 가능성이 있습니다." 그러자 일본 목사들은 "아이쿠! 그렇게 되어서는 안 되지요!" 하는 반응을 보였다.

동서양을 불문하고 어느 시대나 부패할 때 하나님의 심판이 왔다. 영적으로 부패할 때 가장 두드러지게 나타나는 현상이 성적 타락이었다. 소돔과 고모라가 그랬고 로마의 폼페이도 그랬다. 고린도나 근대의 도시들 역시 영적, 도덕적 부패로 인한 성적 타락이 수위를 넘어설 때 하늘의 심판을 맞게 되었다. 일본 교회가 성문제에 대해 엄격한 자세를 취하고 있는 한 일본은 망하지 않을 것이다. 하나님의 때를 기다리며 말세에 하나님을 기쁘시게 하는 일을 감당하는 나라가 되리라.

세 번 기절한 후 네 마디 하고 포기

일본과 한국은 같은 점도 다른 점도 많다. 속내를 좀처럼 표현하지 않는 일본인에 비해 한국인은 자기 생각이나 주장을 솔직히 표현하는 경향이 두드러진다. 마음에 안 들면 즉시 이의를 제기하는 한국인은 그런 면에서 일본인보다 손해를 많이 본다. 일본인들은 좋을 때는 곧바로 표시하나 나쁠 때나 언짢을 때는 자기의 감정을 감추고 쉽게 기분을 드러내지 않는다.

한국인들이 일본인들을 처음 만났을 때의 인상은 친절하고 상냥하다. 그러나 자기들이 우리보다 예의바르고 기술이 뛰어난 문명인이라는 자부심이 대단하다. 은근히 한국인들에 대한 우월의식을 가진 사람도 있다.

다방면에서 우리가 일본에 뒤져 있음은 사실이다. 그러나 한국 교회의 부흥과 성장에 관한 한 유구무언이다. 자기들은 도저히 따라잡을 수 없는 먼 영역임을 인정한다. 그래서 많은 일본 목회자와 신자들이 마치 성지처럼 한국 교회를 방문하여 배우고자 한다.

교회를 배우고자 한국에 오는 많은 일본 신자들은 세 번 기절하고 네 마디 하고는 포기해 버린다. 첫 번째는 여의도 순복음교회를 보고 '으악!' 하고 기절, 두 번째는 오산리 기도원에 가서 '으악!' 하고 기절, 세 번째는 한강 이남의 만 명 이상 모이는 교회들을 방문하고 나서 또 '으악!' 하며 기절한다. 그러고는 "일본은 안 돼, 죽어도 안 돼, 할 수 없어, 절대로 불가능해!" 라고 네 마디 하고 포기해 버린다는 말이다.

한국에는 5만여 개의 교회가 있지만 만 명 이상 모이는 교회는 많지 않다. 지금도 지하실에서 습기와 곰팡이와 싸우는 개척 교회가 많다. 또한 개척 몇 년 후 겨우 구입한 땅에 지하실을 파고 기초 공사는 했으나 철근이 시뻘겋게 녹이 슬도록 본당을 올리지 못한 채 눈물로 시멘트 바닥을 적시며 울부짖는 교회가 얼마나 많은가! 일본인들에게 자신감을 심어주기 위해서는 이런 어려운 교회들을 보여주며 격려해야 한다. 대형, 초대형 교회만 보여주면서 일본 교회의 기를 죽이는 일은 더 이상 되풀이하지 않았으면 좋겠다.

일본 교회도 우리보다 좋은 점이 많이 있다. 우리는 겸손한 자세로 일본 교회의 장점을 배워야 하고, 일본 교회도 한국 교회의 좋은 점을 받아들여야 한다. 서로가 가진 장점을 격려하면서 부흥 발전을 모색한다면 양국 교회는 자국민의 복음화와 세계 선교에 큰 몫을 담당할 수 있다. 지구촌 시대를 살고 있는 한·일 양국은 가장 가까운 이웃으로서 서로 돕고 협력하여 이 시대에 주신 주님의 사명을 힘써 감당해야 하리라.

쓰는 목회자 VS 모으는 목회자

1996년의 일이다. 나고야名古屋의 남쪽에 위치한 30여 명이 모이는 교회를 방문했다. 목사는 부임한 지 15년째였다. 차를 마시며 그의 목회 철학을 들었다. 전임자는 헌금이 들어오는 대로 구제, 전도, 선교를 위해 막 쓰는 스타일이었다. 그는 10년 시무하다 교회를 떠났다. 사임하게 된 원인은 헌금을 너무도 쉽게 써버리는 목회자에 대한 성도들의 불평이 컸기 때문이었다.

이 사실을 알고 온 후임 목사는 헌금을 안 쓰는 방향으로 나갔다. 도움 받아야 할 사람이 있어도 모르는 척하고, 어려운 학생들이 있어도 돕지 않았다. 물론 전도나 선교비로 한 푼도 쓰지 않았다. 이런 목사를 성도들은 아주 좋아했다. 15년 동안 1,500만 엔을 모았다고 자랑스럽게 말했다.

헌금을 쓰는 목회자와 모으는 목회자. 하나님은 어떻게 생각하실까? 주님은 자기 피로 교회를 세우신 후 "가서 모든 족속으로 제자를 삼아 아버지와 아들과 성령의 이름으로 세례를 주고 내가 너희에게 분부한 모든 것을 가르쳐 지키게 하라"마 28:19-20고 명하셨다. 이것을 지상명령이라고 한다.

이 명령을 가장 잘 준행한 교회가 안디옥 교회였다. 스데반의 순교로 시작된 박해를 피해 간 신자들이 세운 이 교회는 창립된 지 얼마 되지 않아 과감히 세계 선교의 문을 열었다. 주의 명령이 떨어지자 바로 담임 목사와 부목사를 한꺼번에 선교 전선에 투입했다. 선교비를 모아 놓았다거나 후임 목회자를 결정했다는 말은 한 마디도 없다. 다만 "내가 불러 시키는 일을 위하여 바나바와 바울을 따로 세우라"는 명령이 떨어지자 이방 선교의 문을 활짝 열어젖혔던 것이다.

일본 교회가 힘이 없는 이유는 하나님이 주신 힘을 주님의 영광을 위해 쓰지 않는 까닭이다. 개인이 성장하지 못하는 이유도 하나님이 주신 것을 하나님의 영광을 위해 마음껏 드리지 않은 까닭이다. 일본 교회가 이렇게 된 가장 큰 원인은 목회자들에게 있다. 목회자들이 먼저 본을 보이고 하나님의 뜻을 잘 가르쳐야 하는데 그렇게 하지 못한 것은, 하나님의 뜻이 아닌 인간적인 계산이 앞섰기 때문이다.

일은 아들이 저지르고 수습은 아버지가 하신다. 우리는 아들이고 하나님은 아버지시다. 우리가 원하는 일이 하나님의 뜻에 합당하다는 확신이 들면 주님의 이름으로 일을 저질러야 한다. 하나님이 주신 헌금을 하나님의 뜻대로 쓰지 않고 인간적인 계산으로 모으기만 한다면 이는 이미 진정한 교회가 될 수 없다.

교회는 주님의 손이다. 주고 끼치고 베푸는 주님의 손으로 언제나 밖을 향하여 내밀어져 있어야 한다. 우리는 그 손 위에 주님이 마음대로 쓰실 수 있도록 우리의 가진 것을 기쁨으로 드려야 한다. 또한 교회는 드려진 헌금을 주님의 뜻대로 기도하면서 집행해야 한다. 아낌없이, 불평 없이 주님께 드려 주님이 기뻐하시는 대로 쓰시도록 해야 한다.

교회는 흩어서 줄지언정 절대로 모아두어서는 안 된다. 만일 교회가 헌금을 모아만 놓고 쓰지 않는다면 그런 교회는 진정으로 주님을 기쁘게 해드릴 수도 없고 또 주님의 교회라고 할 수도 없다.

우리 그리스도인들은 모두 무형 교회다. 모이는 교회인 유형 교회가 헌금을 하나님이 기뻐하시는 대로 써야 하는 것처럼, 무형 교회인 그리스도인 각자도 하나님이 주신 분깃을 하나님이 기뻐하시는 대로 집행해야 한다.

3B를 조심하시오

지금부터 150여 년 전 일본에 들어온 개신교 선교사들은 신학 공부를 많이 한 분들이었다. 그들은 사무라이들에게 먼저 전도했고 따라서 상류층 인사들이 먼저 믿기 시작했다. 그 결과 일본 기독교는 귀족 종교가 되어버렸다. 또 많은 그리스도인들이 학문으로서의 신학 연구에 심취한 나머지 성경을 그대로 믿는 순수한 신앙에서 벗어나고 말았다.

한국에 온 선교사들은 "성경만이 유일 절대한 표준이요 우리가 마땅히 따라야 할 하나님의 말씀"이라고 배운 분들이었다. 그들은 서민들에게 복음을 전했고 관리들과 왕궁에까지도 복음을 전했다. 바울이 빌립보에서 하류층인 점치는 여종과 중류층인 자주장사 루디아, 상류층인 교도소 소장에게 전도했던 것처럼 한국은 초창기부터 균형 잡힌 선교가 이루어졌고, 그 결과는 오늘날 한·일 두 나라 교회의 모습이 말해주고 있다. 성경 말씀을 그대로 믿고 전도하고 양육한 한국 교회는 크게 성장했고 그렇지 못한 일본 교회는 점점 약해졌다.

십수 년 전 오카야마岡山 시에서 장로 안수식이 있었다. 먼저 된 장로가 새로 안수받는 장로들을 위해 다음과 같이 권면했다. "오늘 장로로 안수받는 여러분께 간곡히 부탁드립니다. 제발 3B를 조심하십시오!" 그는 이렇게 말하면서 바르트Karl Barth, 브루너Emil Brunner, 불트만Rudolf Bultmann의 신학에 대해 조심할 것을 당부했다. 바르트는 스위스의 신학자로 독일 교회와 신학에 다대한 영향을 끼친 신근대주의와 신정통주의 신학자이다. 그는 "성경은 하나님의 계시로서의 예수 그리스도에 관한 오류가 가능한 인간적 증언의 책"이라고 주장했다. 브루너도 스위스 출신 신학자로 위기신학, 변증법적 신학의 대표자이다. 그는 새로운 자연신학을 주장했다. 불트만은 "성경의 비신화론과 신앙의 실존론적인 이해"를 제창하여 세계 신학계에 큰 파문을 던진 신신학적 신약 학자였다.

나는 그 장로의 말을 감명 깊게 들었다. 이는 "성경이 일점일획도 변개시킬 수 없는 정경임을 깎아내리고 성경의 절대성을 상대화함으로써 말씀의 권위를 비하하고 성경을 비신화화한 3B의 영향으로 우리가 이렇게 약해졌으니, 당신들은 제발 하나님 말씀을 바로 믿고 바로 알고 바로 전하라"는 절실한 충고였을 것이다. 나는 일본에 이런 충언을 과감하게 전할 수 있는 장로가 있다는 사실에 감사하였다.

신단과 불단을 때려 부수는 선교사

후쿠오카福岡에서 일본인을 대상으로 선교하는 한국인 목사가 있다. 그는 처음부터 현지인을 위한 목회를 시작했다. 그를 처음 만난 것은 1991년 5월이었다. 그는 우상을 깨뜨리는 목회에 중점을 두었다. "다른 신들을 네게 있게 말지니라"는 제1계명과 "새긴 우상을 만들지 말고, 그것들에게 절하지 말며, 그것들을 섬기지 말라"는 제2계명을 철저히 지켜나갔다.

▲ 뉴라이프 단기 선교에 참석한 오키나와 교회에서 설교하는 저자

개척 초부터 신자들의 가정에 설치되어 있는 가미다나神壇, 일본 신도에서 가정이나 상점에 꾸며 놓고 참배하는 작은 제단나 불단佛壇 등 우상의 제단을 없애는 일을 했다. 신자들은 신단이나 불단을 없애라는 설교를 듣고 고민하다 다른 일본인 목사들에게 의논했지만 속 시원히 없애라는 대답을 듣기가 어려웠다. 하나님이 싫어하시는 우상임을 알면서도 그들은 불단을 없애는 일에 두려움을 가지고 있었다. 하지만 그 목사는 "집 안의 우상을 척결하라"는 설교를 계속했다.

믿음이 깊어진 성도들은 목사와 상의하고 불단과 신단을 없애는 작업을 했다. 예배드린 후, 그 단들을 준비된 드럼통에 던져 넣고 태운 다음 재가 되면 그것을 강에 버리거나 땅에 묻었다. 우상들을 처리해버린 후부터는 신자들의 신앙이 급상승했다. 성도들 집에 있는 우상 단지 없애는 것을 망설이던 여러 일본인 목사들도 결국 그 목사를 모셔다가 해결하게 되었다.

그런데 문제가 일어나기 시작했다. 신문사와 방송국의 리포터들이 이 목사를 찾아와 항의했다. "외국인인 당신이 왜 남의 나라의 전통 문화를 파괴합니까? 만일 중단치 않으면 여론화시켜 당신을 추방하겠소!" 이런 종류의 공갈과 협박을 수없이 받았다. 그러나 주님을 향한 그의 헌신의 열정과 성도들에 대한 사랑은 식을 줄 몰랐다. 그는 이런 위협에도 굴하지 않고 사역을 계속했다.

시간이 흐르자 우상을 처리한 후에 복을 누리게 된 성도들이 그런 기자들의 폭언을 잠잠케 하는 데 앞장섰다. "우상 단지 척결하고 큰 복을 받았는데 왜 남의 일에 그런 간섭을 하는 겁니까? 목사님이 우리를 위해 목숨 걸고 수고해 이런 축복의 물꼬를 터주었는데 당신들은 우리를 위해서 해준 일이 무엇입니까?"

그 목사가 섬기는 교회는 크게 부흥하였고, 개척 교회가 여러 개 생겼을 뿐 아니라 2천 평의 넓은 땅을 사서 후쿠오카에서 가장 아름다운 예배당을 지어 부흥 일로에 있다.

무릎으로 목회한 선교사

일본인들은 영어권에서 왔거나 영어를 잘 하는 외국인을 만나면 대체로 호의를 보인다. 그래서 영어권 선교사들은 일본인들과 접촉하는 데 있어서 영어를 잘 못하는 비영어권 선교사들에 비해 상당히 유리한 조건을 가지고 있다.

실제로 서양 선교사들이 일본에 오면 영어 교실부터 시작한다. 영어를 선호하는 일본인들과 접촉하는 데 영어 교실이 최고로 좋은 접촉점이기 때문이다. 매주 90분 정도 영어를 가르치고 채플 타임을 통해 성경을 소개한다. 적게는 수십 명에서 많게는 수백 명의 교실도 있다고 한다. 그런데 수강생들 가운데 교회에 출석하는 이들은 거의 없다고 들었다. 나의 이 견해가 모든 영어권 선교사들에 해당되는 것은 아니다.

삿포로札幌에서 사역하던 영국인 선교사가 안식년으로 떠날 때 후계자는 한국인이었다. 전임 선교사는 영어를 잘 못하는 후임 선교사에게 "앞으로 어떻게 할 거냐?"고 물었다. 난감해하는 후임 선교사에게 재차 묻자 "무릎으로 하겠다"는 대답이 돌아왔다. 영어를 잘 못 하는 한국인 선교사를 보며 그는 심히 걱정스런 표정을 지었다.

물려받은 것은 15명 정도의 출석 신자와 월셋집뿐이었다. 그는 진짜 무릎을 꿇고 주님께 도움을 구하면서 착실히 개개인에 깊은 애정과 관심을 쏟으며 선교 활동을 계속했다. 하나님께서 친히 양들을 인도하고 양육해 주시도록 모든 주권을 주께 맡기고 최선을 다했다. 몇 달 후 신자가 늘기 시작했고 예배당 신축을 위해 기도하게 되었다.

이 교회에 신사神社의 칸누시神主, 신사를 주관하는 승려를 아버지로 둔 50대의 성도가 있었다. 자신은 결코 신사의 후계자가 되지 않을 것이니 대책을 세우시라고 아버지에게 말했다. 며느리는 시부를 효성스럽게 공궤하였다. 아들 부부가 출석하는 교회가 예배당 신축에 필요한 땅을 위해 기도하고 있다는 말을 전해들은 80세의 칸누시는 자기 소유의 땅 150평을 교회에 바쳐버렸다. 이방 종교의 지도자가 기증한 땅 위에 철근 콘크리트 2층의 예배당을 아름답게 지어 봉헌하였다.

1년 후 돌아온 영국인 선교사는 신축한 예배당을 보고 기절할 뻔했다. 무릎으로 하겠다는 말은 주님 뜻대로 성경적 방법으로 하겠다는 선언이었음을 그는 비로소 깨달았다. "이는 힘으로 되지 아니하며 능으로 되지 아니하고 오직 나의 영으로 되느니라"슥 4:6b는 말씀을 증명해 보인 아름다운 간증의 하나이다.

선교는 인내의 싸움

한국 초대 선교사 언더우드는 '보이지 않는 조선의 마음'이라는 기도에서 자신의 심정을 토로하며 주님께 간절한 소원을 아뢰었다.

주여! 지금은 아무것도 보이지 않습니다.

주님! 메마르고 가난한 땅

나무 한 그루 시원하게 자라 오르지 못하고 있는 땅에

저희들을 옮겨 와 심으셨습니다.

그 넓은 태평양을 어떻게 건너왔는지

그 사실이 기적입니다.

주께서 붙잡아 뚝 떨어뜨려 놓으신 듯한

이 곳 지금은 아무것도 보이지 않습니다.

보이는 것은 고집스럽게 얼룩진 어둠뿐입니다.

어둠과 가난한 인습에 묶여 있는 조선 사람뿐입니다.

그들은 왜 묶여 있는지도, 고통이라는 것도 모르고 있습니다.

고통을 고통인 줄을 모르는 자에게 고통을 벗겨주겠다고 하면

의심하고 화부터 냅니다.

(중략)

조선의 마음이 보이지 않습니다.

그리고 저희가 해야 할 일이 보이질 않습니다.

그러나 주님 순종하겠습니다.

겸손하게 순종할 때 주께서 일을 시작하시고

그 하시는 일을 우리들의 영적인 눈이

볼 수 있는 날이 있을 줄 믿나이다.

지금은 황무지 위에 맨손으로 서 있는 것 같사오나

지금은 우리가 서양 귀신 양귀자라고 손가락질 받고 있사오나

저희들이 우리 영혼과 하나인 것을 깨닫고,

하늘나라의 한 백성, 한 자녀임을 알고

눈물로 기뻐할 날이 있음을 믿나이다.

지금은 예배드릴 예배당도 없고 학교도 없고

그저 경계의 의심과 멸시와 천대만이 가득한 곳이지만

이 곳이 머지않아 은총의 땅이 되리라는 것을 믿습니다.

주여! 오직 제 믿음을 붙잡아 주소서!

120여 년 전 언더우드가 한국 땅을 밟았을 때의 심정을 그대로 나타낸 가슴 저리는 기도문이다. 그가 이 기도를 드릴 때는 오늘날 한국에 전 인구의 25%의 크리스천이 생기리라고는 꿈도 꾸지 못했을 것이다. 그러나 그의 진지한 간구는 상상을 초월한 열매를 맺었다.

태국에서는 남자 신자 한 사람을 얻는 데 19년 걸렸고, 여자 신자 한 사람을 얻는 데 21년 걸렸다는 기록이 있다. 나는 이 보고서를 읽고 큰 감동을 받았다. 매년 공탕 보고서를 보내면서도 열매 맺을 것을 기대하며 19년씩, 21년씩 선교 현장을 지킨 그 선교사도 위대하지만 이들을 통해 반드시 열매를 주시리라 믿고 끝까지 뒷바라지해 준 미국 교회는 더욱 위대하다는 생각을 하게 되었다.

"선교는 인내의 싸움이다!" 특히 일본 선교는 어떤 면에서는 끝이 보이지 않는 긴 동굴을 더듬으면서 걸어가는 여행자와 같다. 아무리 열심히 뿌려도 열매가 보이지 않고 가능성을 전혀 예측할 수 없는 일본 선교! 돈과 시간과 인재를 아무리 쏟아부어도 밑 빠진 독에 물 붓기나 다름없는 일본 선교! 누가 뛰어들겠는가! 더구나 아직도 옛 고통을 다 씻지 못한 우리에게 일본 선교는 불필요한 사항으로 치부되기 쉽다.

그러나 일본 선교는 한국 교회의 몫이다. 어느 누구도 부인할 수 없는 필연이다. 진실하고 겸손하며 부지런한 자세로, 인내하며 끝까지 나아가야 한다. 세계 여러 나라에 파송된 선교사들이 자기 목숨을 담보로 사역하며 하나님의 때를 기다렸던 것처럼, 언더우드가 황무지 한국 땅을 눈물로 적시며 열매를 기대했던 것처럼, 우리도 일본 땅에 추수의 기쁨을 주실 하나님의 때를 바라보며 인내의 싸움에서 승리해야 한다.

What? How? Who!

우리가 어떤 일을 할 때, 대체로 무엇what?을 가지고 어떻게how? 하느냐가 문제가 아니라 누가who! 하느냐에 따라 결과가 나타난다. '지·정·의' 인격을 통해 대화하고 교제를 나누어야 할 인간이 주인공이 되지 않고 어떤 물건이나 방법이 주체가 된다면 그것은 한참 잘못된 것이다.

넓게는 한 나라가 누구에 의해 다스려지느냐에 따라 그 국가의 흥망성쇠가 결정된다. 좁게는 한 단체나 교회의 경우도 마찬가지이다. 그 단체나 교회의 책임자가 누구냐에 따라서 성장이냐 정체냐, 아니면 퇴보냐가 결정되는 것을 수없이 보았다. 좋은 여건, 즉 인적·재정적·시대적 여건이 잘 갖추어져 있다 할지라도 지도자의 리더십에 의하여 그 기관이나 단체의 발전과 성장이 결정된다는 말이다.

일본을 복음화하는 일도 마찬가지가 아니겠는가? 일본인 목회자들이나 타국에서 파송받은 선교사들이 '무엇what을 가지고' 또 '어떻게 how 해서' 될 일이 아니다. 하나님의 전인격을 닮은 '하나님의 사람 who'이, 하나님의 방법으로, 하나님이 원하시는 구령救靈에 힘쓸 때 일본 복음화는 찬란한 꽃을 피우고 풍성한 열매를 맺게 될 것이다.

하나님의 마음을 품고 그의 뜻대로 범사를 꾸려가려는 사람, 진정 그리스도의 마음을 품은 한 사람의 인격이 아쉬운 시대에 우리는 살고 있다. 나는 어떤가? 당신은 어떤가? 우리는 어떤 사람이 되어야 하는가?

능력의 많고 적음이 아니다. 참으로 하나님이 인정하시고 기뻐하시는, 그분의 인격을 완전히 닮은 인물이 되어 일하게 될 때 그런 놀라운 결과를 기대할 수 있을 것이다. 이런 사람이야말로 이 시대가 요구하는 지도자상이다.

내 잔이 넘치나이다

신자는 세상 사람들과는 달라야 한다. 왜냐하면 은혜로 살기 때문이다. 주님은 그릇대로 채워주신다. 믿음이 작거나 연약하여 또는 기도가 없어 받지 못하는 은혜가 많다.

파송받아 일본 땅을 밟은 후 전국의 주요 지역을 순회하며 일본 목회자들과 교제할 기회를 가졌다. 농담할 정도로 친해진 그들에게 질문을 했다. "만일 주님이 매주 10명씩 20명씩 구도자를 보내주시면 그들을 주님의 제자로 양육할 준비가 되어 있습니까?" 많은 이들이 고개를 저으며 아무런 대책이 없다고 대답했다.

주님의 은혜는 한량없이 풍성하다. 쌓을 곳이 없도록 부어주시지만 낭비하지 않으신다. 주님은 5병 2어로 5천 명을 먹이시고 남은 부스러기를 모두 모으라고 말씀하셨고, 그것은 12바구니에 채워졌다. 주님의 단면을 보여준 사건이다. 은혜 받을 사람들에게는 풍성히 채워주시나 받을 준비가 덜 된 사람들에게는 주지 않으신다는 증거다.

교회도 마찬가지다. 사람을 주의 제자로 양육할 준비가 되어 있지

▲ 개척 5년째 맞이하는 오키나와 아이노 교회에서 선교할 때 새로 온 신자들과 함께

않는 교회에는 새로운 영혼을 보내지 않으신다. 앞문으로 한 사람 오면 뒷문으로 한 사람 떠나는 교회는 부흥을 기대하기 어렵다. 일본만이 아니다.

어느 나라든 마찬가지다. 참새가 방앗간을 기웃거리는 이유는 먹을 것이 있어서다. 꽃에 벌 나비가 날아드는 것은 꿀이 있는 까닭이다. 배고픈 참새가 먹을 것이 있는 방앗간으로 가는 것처럼, 굶주린 영혼들도 먹을 것이 있는가 하여 이 교회 저 교회의 문전을 기웃거린다. 한두 번 출석해 보아도 먹을 것이 없는 교회에는 더 이상 가지 않는다.

도쿄에 인접한 사이타마埼玉 지역의 한 목사는, 큰 믿음으로 100평의 대지를 구입하여 60평짜리 예배당을 지을 계획을 세우고 여러 해 기도하며 준비했다. 공석 회합에서 대화하다가 나는 가벼운 마음으로 도전했다. "주님의 계절이 도래하여 매일 교회로 몰려오는 수많은 영혼들을 수용하여 제자로 양육할 준비가 되어 있습니까?" 60대 중반의 그 목사는 큰 자극을 받았다. 수십 년간의 비전을 과감히 수정하여 1천 평 대지를 구입, 천 명 이상 예배드릴 수 있는 교회를 짓기로 하고 이제까지의 모든 계획을 백지화했다. 그의 꿈은 당초보다 10배로 커진 것이다.

어느 마을에 기름을 가득 채운 30톤짜리 탱크차를 몰고 한 노인이 나타났다. 그의 시커멓게 그을린 얼굴에는 칼자국이 있었고 우뚝 솟은 광대뼈와 콧날은 몹시 인색해 보였다. 그 노인은 정자나무 아래 차를 세우고 골목골목 다니면서 외쳤다. "기름이 필요하신 분은 그릇만 가져오십시오. 공짜로 채워드리겠습니다." 그의 외침은 아침 9시부터 정오 때까지 계속되었다. 하지만 아무도 오지 않았다. 오후 3시가 지나도록 외치는 그의 목소리는 거의 울상이 되었다.

이 때 한 사람이 시험삼아 컵을 가지고 탱크에 다가갔다. 노인은 기뻐하며 기름을 채워주었다. 거짓말이 아니었음을 확인한 다음 사람은 밥사발을 가져갔다. 그에게도 가득 채워주었다. 다음 사람은 주전자를 가져갔다. 기름 장수는 더욱 기뻐하면서 가득 부어주었다. 이것을 본 다음 사람은 양동이를 가져갔고, 예외 없이 그의 양동이는 차고 넘쳤다. 다음 사람은 큰 대야를, 그 다음은 드럼통을, 마지막 사람은 15톤짜리 탱크차를 가지고 갔다. 그릇이 커지면 커질수록 노인은 더욱 크게 기뻐했다.

이 광경을 지켜보던 첫 번째 사람이 화가 났다. 그는 기름 장수에게 컵을 던지며 외쳤다. "여보슈! 왜 사람을 차별 대우 하는 거요? 다른 이들에게는 밥사발로, 주전자로, 양동이로, 큰 대야로, 드럼통으로, 또 탱크로 주면서 왜 내게는 컵으로 주는 거요?" 얼굴에 기쁨이 충만하여 만족해하던 기름 장수는 이 말을 듣고 크게 노하였다. "이놈아! 내가 뭘 잘못했다고 떠드느냐? 나는 어떤 그릇을 가지고 오든지 공평하게 가득 채워주었다. 네놈이 컵을 가져온 것이 잘못이지 내가 그릇대로 채워주는 것이 잘못이냐? 고얀 놈 같으니라고!"

하나님 아버지는 자녀인 우리가 믿음으로 구하면 차고 넘치게 채워주신다. 그러나 그릇의 크기에 따라 많이 받기도 하고 적게 받기도 한다. 아예 아무것도 받지 못할 경우도 있다. 하나님이 은혜를 부어주실 때 받아 누릴 준비가 되어 있는가?

오키나와 교계 최고 지도자의 비장한 당부

오키나와沖繩는 태평양 전쟁의 희생양이었다. 거기서 목숨을 잃은 23만 7천여 명 가운데 절반 이상인 13만 명이 오키나와의 주민이었다. 당시 오키나와 인구가 40만 명이었으니 3분의 1이 희생되었던 것이다. 적국 미국인들에게 죽임당한 이들뿐 아니라 일본 정부군에 의한 희생자도 매우 많았다.

일본군들은 미군에게 항복하면 끔찍한 괴로움을 당하다가 죽게 되니 차라리 자살하라고 강요했다. 결국 가족끼리 또는 마을 사람들끼리 모인 자리에서 힘센 젊은이가 부모, 처자, 이웃들을 먼저 죽이고 최후에 자살하는 집단 자살의 방법을 택한 것이다. 항복하면 살려주겠다는 미국의 삐라를 소지하고 있거나 오키나와 방언을 사용하기만 해도 간첩이라는 누명을 씌워 무참히 죽였다. 이 조그마한 섬에서 치러진 6개월 간의 전쟁으로 수많은 민간인들이 포탄에 맞거나 총칼에 찔려 목숨을 잃거나 스스로 목숨을 끊었다. 한국인들도 1만 명 이상이 무고한 피를 흘리며 죽어갔다.

이토록 비통한 역사를 직접 목격하고 피부로 체험한, 이 지역 교계 최고 지도자인 70대 후반 목사와 대화하면서 일본 교회의 비원悲願을 알게 되었다. 이대로 가다가는 일본 교회는 없어지고 만다는 것이 그의 염려요 통한이었다. 그는 오키나와에 단기 선교를 하러 온 500명의 한국 대학생들 앞에서 당부했다. "여러분이 만일 한 사람씩 전도하여 500명이 예수 믿고 세례를 받게 된다면 일본 기독교 역사상 최대의 공헌을 하게 될 것입니다. 제발 부탁합니다. 한 사람이 꼭 한 사람 이상씩 전도하여 세례 교인을 만들어 주시기 바랍니다." 이 얼마나 비장한 당부였던가?

이듬해인 2001년 1월, 그의 집무실에서 다음과 같은 아픈 고백을 들었다.

"일본 교회의 영적 청춘을 회복하기 위해, 장차 이 나라를 짊어지고 갈 대학생 전도에 적극적인 협력을 요청합니다. 겨울 한철만이 아닌 일 년 내내 일꾼들을 보내주시면 좋겠습니다. 일본 교회의 리더십만 가지고는 대학생 전도가 이루어지지 않습니다. 피부 색깔도 같고 사고방식도 비슷한 한국 대학생들이 일본 캠퍼스 전도에 힘써 준다면 일본 교회에도 희망이 생길 것입니다. 다시 부탁드립니다. 다음부터는 캠퍼스 전도에 집중해 주십시오."

그는 대학생 전도의 중요성을 깨닫고 미국에서 파송받은 선교사에게 대학부를 맡겨 보았으나, 교회에 출석하는 몇몇 대학생들에게 영어를 가르치며 교회 안에만 머물러 있었기 때문에 그만두게 했다며 씁쓸한 표정을 지었다. 일본이 변하기 위해서는 장차 나라를 짊어지고 나갈 대학생들이 바뀌지 않으면 안 된다고 강조했다.

일본 복음화를 위한 불길이 아무래도 오키나와에서 타오를 것 같다고 생각하며 그의 말을 새겨들었다. 타지역보다 영적 분위기가 무르익었고 교단 교파 간의 연합 사업도 비교적 잘 이루어지고 있다. 복음의 불이 타오르면 그 불길은 삽시간에 일본 열도를 태울 수 있음을 확신하며, 나는 오키나와에서 이런 성령의 불이 일어날 것만 같은 기대감을 가지고 있다.

 조찬 기도 전국연합회 간토 지역 총회

일본에는 조찬 기도회가 157개 있으며 매년 지역별로 연합회 총회가 열린다. 2008년 10월 25일, 사이타마埼玉의 사야마狹山 시에서 전 일본 조찬 기도 연합회 간토關東 지역의 정기 총회가 열렸을 때 주강사로 부름 받았다. 도쿄를 중심으로 근처의 현들과 시들이 연합하여 지역 담당 임원들을 개선하는 총회였다. 내가 이 총회의 강사가 된 것은 약 1년 전 사야마 시의 조찬 기도회에서 말씀을 전했을 때 감동을 받으신 성결교단의 지도자 한 분이 나를 추천했기 때문이다.

그는 자기 교단이 1915년에는 교인수가 1,400명이었는데 부흥 운동이 일어나 15년 후 1930년에는 14배인 19,532명이 되었다는 통계를 제시하였다. 이런 부흥의 배경에는 강력한 지도자들의 지원과 기도의 불길 및 초교파적인 사역이 있었다고 했다. 또한 부흥의 불길이 꺼지게 된 원인은 내부 분열과 전쟁으로 인한 정부의 탄압이었다고 했다.

그는 《그리스도의 계절을 꿈꾸며》졸저 《돈 키호테와 산초들》의 일본어판를 읽은 후 '한국 CCC에게 배워야 할 일'이라는 글을 썼다. 한국은 전 목회자와 대학생들이 민족 복음화의 비전을 가졌고 엑스플로 72달라스 마지막 날 밤, 돈 키호테 김준곤 목사가 "1974년에는 한국에서 30만 명을 합숙 훈련시키겠다"고 발표했던 일과 8만여 명의 청중이 "브라보!"를 외치며 기립하여 박수갈채했던 일을 상기시켰다.

그는 또한 한국 교회의 부흥은 신자들이 믿고 기도할 것을 명령받아 그대로 실천했고 하나님께 맡긴 결과였다는 사실을 말했다. 당시 준비할 때 간사들이 한 목소리로 불가능하다고 반대했으나 김 목사는 스가랴 4장 6절 즉 "이는 힘으로 되지 아니하며 능으로 되지 아니하고 오직 나의 신으로 되느니라"는 말씀으로 무수한 불가능을 가능케 했다는 사실을 힘주어 말했다. 엑스플로 74가 끝난 1년 후에 한국 교회의 신자는 33% 늘고, 교회의 재정은 65% 성장했다는 사실도 빼놓지 않았다. 또 한국 교회가 분열할 때마다 국가적으로 굵은 사건들이 일어났다는 사실까지 열거하면서 일본 교회에 분열이 있어서는 안 된다고 강조했다.

나는 '일본 열도에 그리스도의 계절이 오고 있다'는 주제로 말씀을 선포했다. 분과별로 모인 후, 1957년도에 시작되어 현재 157개 지부를 가진 조찬 기도회를 47 도도후켄都道府縣, 일본의 행정 구역의 전 지역으로 확산하자고 결의했다. 바람직한 결정이었다. 나는 이들의 비전이 속히 성취되기를 바라는 심정으로 기도하면서 귀가했다.

일본 교회의 자체 힘으로는 안 됩니다

일본은 세계적으로 유명한 기독교 지도자들을 몇 분이나 배출하였다. 무교회주의자로 알려진 우치무라 간조內村鑑三, 빈민을 위해 친히 빈민이 되어 사회운동을 일으킨 가가와 도요히코河川豊彦, 동경제국대학의 총장을 지내면서 "나의 나 된 것은 예수 그리스도의 전폭적인 은혜"라고 늘 간증했던 야나이바라 다다오矢內原忠雄 등이다. 소설가보다 기독교 변증가로 더 많이 알려진 우리의 호프 미우라 아야코三浦綾子는 일본에서보다 한국을 비롯한 외국에 더 많이 알려진 인물이다.

일본은 우리보다 개신교 신앙을 25년 먼저 받아들였다. 오키나와沖

▲ 목회자들 세미나 때 교회론에 대해 강의하며

繩에는 이보다 수년 먼저 개신교가 들어와 선교했었다. 약 400년 전, 통치자들이 자기들의 정권 유지를 위해 5인조 제도 등 무자비한 방법으로 가톨릭 신자 20여만 명을 죽임으로써 순교의 피를 뿌린 기록도 있다.

지금은 고인이 된 후루카와古川 목사가 시무하던 교회의 후계자는 어느 선교 단체의 파송으로 20여 년간 해외에서 선교 활동을 했다. 그가 내게 이런 말을 했다. "다른 나라의 도움 없이 일본 교회 자체의 힘으로는 복음화가 절대로 불가능합니다." 오키나와의 원로 목사도, 홋카이도北海道의 한 지도자도 비슷한 말을 했었다.

누가 일본을 도울 수 있을까? 미국? 영국? 독일? 캐나다? 그들은 엄청난 희생과 수고를 하고 억만금과 시간을 투자했다. 일본의 복음화를 위한 그들의 사랑과 헌신을 깊이 존경한다. 그들로 인해 구원받고 주님을 기쁘시게 한 이들은 부지기수일 것이다.

하지만 이제 서양 선교사들이 놓은 기초돌 위에 일본 선교를 보다 구체적으로 이루어갈 수 있는 나라는 한국이다. 가깝고도 먼 두 나라! 일본의 왕은 옛날 백제 왕손의 후예였음이 본인의 고백으로 밝혀졌다. 지정학적으로도 언어학적으로도 가장 가까운 나라 한국이 일본을 도울 때가 왔다.

임진왜란 때의 극심한 피해, 일제 강점기 36년간의 식민지 통치로 인한 핍박들, 지금도 계속 비싸게 지불되는 기술 사용료, 헤아리기 어려운 침략의 역사. 이런 아픔들을 생각하면 분명 원수의 나라다. 그러나 우리나라가 최초로 갖게 된 한글 성경은 일본에서 번역되었다. 우리는 다방면에서 복음의 빚진 자다. 우리가 일본을 영적으로 돕는 것은 너무도 당연하다.

　국교회의 핍박을 피해 아메리카로 건너간 퓨리턴들이 왕성한 복음의 나라를 건설한 후 자기들을 괴롭혔던 어머니의 나라 영국을 위해 얼마나 큰 수고와 희생을 했던가? 복음의 빚진 자로서 마땅히 일본 선교에 발 벗고 나서야 한다. 우리는 강도 만난 일본을 주님의 마음을 품고 도와야 한다. 이는 주님의 명령이요 우리가 마땅히 감당해야 할 전도자의 사명이다. "너는 말씀을 전파하라 때를 얻든지 못 얻든지 항상 힘쓰라"딤후 4:2는 주님의 거룩한 명령에 대한 순종이다.

4부

일본 교회에 신선한 충격을 준 뉴라이프

뉴라이프의 시작

일본에 도착한 후 먼저 온 선교사와 함께 도쿄東京를 중심으로 다카사키高崎, 나고야名古屋, 오사카大阪, 교토京都, 고베神戶, 후쿠오카福岡를 방문하며 한 교회에서 20년 이상 목회하는 분들과 교제할 기회를 가졌다.

그들의 말은 여출일구如出一口였다. "일본은 미국이나 한국과 달라 선교가 안 된다. 교회의 부흥 성장을 위해 부흥회, 사경회, 세미나, 철야, 금식, 노방 전도, 축호 전도, 대형 집회, 한·미 양국 교회를 견학하며 이것저것 배우다 시도해 봤으나 잘 안 되어 포기했다. 일본 교회는 거의 다 이런 실정에 놓여 있다." 그들의 말은 늦깎이 선교사인 나를 절망의 늪으로 밀어 넣기에 충분한 설득력을 가지고 있었다.

그러던 중 1990년 마닐라에서 시작된 국제 CCC의 프로젝트인 '뉴라이프새생명 운동'가 1991년 7월에 일본에서도 시작되었다. 오사카의 33개 교회가 400명의 한국 대학생들을 받아들여 2주 동안 함께 전도했다. 이들의 사역을 섬기면서 나는 일본 선교의 어려움을 피부로 느꼈다.

1992년에는 간사이關西 지역에 2,020명을 보내 137개 교회에서 섬기게 했다. 1993년에는 후쿠오카, 1994년에는 규슈九州 지역까지, 1995년에는 나고야와 도쿄에까지 확산되었다.

1995년 평가회에서 놀라운 간증들이 쏟아졌다. 5년간의 뉴라이프를 통해 크게 변화된 것이다. 그들은 "일본도 가능하다. 나도 할 수 있다"라고 말했다. 나는 목사들의 이런 고백을 들으면서 '진짜 천지개

▲ 교토에서 2,500명 모인 섬머 잼보리 페스티벌 장면

벽 같은 변화'라는 결론을 내리게 되었다. 그뿐인가? 평신도들도 "전도는 목사나 전도사의 전유물인 줄 알았는데 이 뉴라이프를 통해 모든 신자의 신성한 의무이자 놀라운 특권이라는 사실을 깨닫게 되었다"고 고백했다. 1996년에는 홋카이도北海道로, 1998년부터는 오키나와沖繩로, 1999년에는 시즈오카靜岡로, 2000년에는 군마群馬와 사이타마埼玉와 이바라키茨城, 2011년에는 시가滋賀로 확산되었다.

고베 남항구의 기적 소리와 이별의 눈물

뉴라이프가 처음 시작될 당시에는 "일본어도 못 하는 이

들이 무얼 할 수 있단 말인가?" 하며 반발했던 교회들이, 젊은이들의 활약상을 전해 듣고 앞다투어 참가하게 되었다. 첫 해에 고베神戶 남항에 상륙하자마자 무릎 꿇고 큰 소리로 기도하는 젊은이들을 본 목회자와 신도들은 무척 놀랐다. 환영식장에서 떨리는 목소리를 감추지 못했다. 각 교회로 흩어지는 그들의 모습은 전쟁터로 떠나는 것처럼 비장하고 활기가 넘쳤다.

그들은 담임 목사가 작성해 놓은 일정표대로 절대 순종하며 주님을 열심히 섬겼다. 각 팀마다 통역을 제외한 나머지는 겨우 자기 소개가 가능할 정도의 일본어 실력밖에 없었다. 목사들이 많이 염려했으나 이들을 통해 역사하시는 성령님의 모습을 목도하며 날마다 감격했다. 팀장의 리더십이 출중한 것도 통역의 일본어가 유창한 것도 아니었지만 이들을 통한 하나님의 역사는 현지인들을 감동시키기에 충분했다.

오랜 동안 구도자도 세례를 받으려 하는 사람도 없었던 교회에 한국 대학생들의 사역으로 날마다 새 사람, 특히 젊은이들이 교회로 몰려오는 광경은 현지 성도들을 놀라게 했다.

팀원들이 사역하는 기간은 오가는 날과 관광하는 하루를 제하면 대체적으로 열흘 정도다. 그러나 그 열흘 동안에 일본 교회가 여러 해 걸려도 못할 일을 해낸다. 집집마다 방문하여 구원의 복음을 전하거나 거리에서 전도지를 나눠주며 교회의 행사에 초청함은 물론, 서툰 일본어로 사영리를 전하기도 한다. 무엇보다도 그들은 일본 교회를 위해, 일본의 잃어버린 영혼을 위해 뜨겁게 기도한다. 매우 어설픈 섬김이지만 이들의 열정적인 헌신을 통해 우리 주님이 친히 일하시는 모습을 일본인들은 보게 되었다.

사역을 끝내고 귀국할 때마다 고베의 항구에서 작별을 아쉬워하는 광경은 눈물 없이는 지켜볼 수 없었다. 교회별로 둘러서서 손에 손을 맞잡고 찬송하며 서로의 얼굴을 바라보는 양국의 젊은이들과 성도들은 눈물로 범벅이 된다. 정을 주체하지 못하고 끝내 통곡한다. 수년간 모아둔 눈물을 이 날 한꺼번에 쏟아내고 있지 않나 하는 생각이 들 정도였다.

배에 올라타는 한국 젊은이들을 향해 "내년에도 꼭 와 달라!"고 목이 터지도록 외치고 또 외친다. 선상에서 늘어뜨린 오색 테이프를 한 손에 쥐고 다른 손을 흔들며 이별을 아쉬워하는 모습은 진짜 애절하다. 울려 퍼지는 '올드 랭 사인Auld Lang Syne'과 고동소리는 애간장을 녹이는 효과음이 된다. 공항에서의 전송은 짧게 끝나기 때문에 하늘을 바라보면서 아쉬움을 달랠 수 있다. 정거장에서 기차를 떠나보내는 작별도 괜찮은 편이다. 그러나 항구의 이별은 배가 수평선에서 사라져갈 때까지 그 모습을 지켜보는 이별이기에 더욱 애잔하다. 지금도 그날의 광경을 회상하면 마음이 짠해진다.

할머니 목사의 탄식

뉴라이프 2년째인 1992년의 일이다. 83세의 여목사 한 분은 이 프로젝트를 2년째 받아들여 전도에 심혈을 기울였다. 그녀는 50년간 목회하면서 35명 모이는 본교회와 25명 신자를 가진 지교회의 담임으로 사역했다. 주일 오전에는 본교회에서, 오후에는 지교회에서 말씀을 전했다. 두 교회의 수요 기도회와 목요 성서연구회를 인도하러 다니느라 몹시 피곤했다. 두 교회 다 연로한 교인들만 있어서 교회의 장래에 대한 목사의 걱정은 태산같이 커가기만 했다.

한국의 젊은이들이 열심히 기도하며 전도하는 모습을 보고 그 여목사는 날마다 감격했다. 반세기 동안 보지 못했던 광경이 벌어지고 있었기에 그 목사는 영육간에 청춘이 회복되는 느낌까지 들었다. 피곤을 모르고 함께 기도하며 전도하고 찬양했다. 자신도 젊어지는 기분이 들었다.

홈스테이를 통해 불신 가족이 교회에 나와 신앙을 고백하고 어린이와 청소년들이 하나 둘 교회로 나왔다. '우리 교회에 부흥의 불을 지필 사람이 꼭 필요한 이때, 하나님이 이들을 보내주신 것이 아니겠는가?' 하는 생각이 들었다.

2주간이 지나고 송별의 밤이 찾아왔다. 음식을 대접하며 작별을 못내 아쉬워했다. 그녀는 한 학생의 등을 어루만지며 "우리 교회에 이런 청년이 둘만 있어도 여한이 없겠는데……" 하며 끝내 울고 말았다. 이미 은퇴할 나이를 넘겼음에도 두 교회를 맡길 만한 후계자를 찾지 못해 애태우고 있었기 때문이다.

2주 내내 예배당 수리, 건축하기

뉴라이프 단기 선교의 특징은 '팀원들이 두 주 동안 배정받은 교회에서 그 교회의 필요에 따라 종의 모습으로 섬긴다'는 것이다.

1992년 여름, 오랜 역사를 가졌으나 신자 수가 적은데다 재정도 여의치 못해 예배당이 퇴락한 한 교회에 10명의 팀원들이 파송되었다. 담임 목사는 한국에서 온 팀원들을 데리고 2주 동안 예배당을 수리했다. 아침부터 점심 때까지, 점심 먹고 잠깐 쉬고는 저녁 먹을 시간까지 일했다. 어느 때는 밤에도 작업했다. 팀원들은 불평불만을 토로했다. 팀장은 "그만들 해라. 이것도 훌륭한 사역이다. 개인 전도나 전단

▲ 지친 단기 선교 팀원들을 격려하며

지를 뿌리는 것만이 전도가 아니다. 이건 몸으로 하는 전도다. 불평 말고 마지막까지 유종의 미를 거두자!"며 그들을 계속 격려했다.

2000년 여름에는 미우라 아야코三浦綾子의 고향인 아사히카와旭川의 어느 교회에 10명이 배정받았다. 그 교회는 예배당 신축 중이었고 팀원들은 매일 공사 현장에 가서 예배당 건축 일을 도와야 했다. 팀장은 각막에 쇳가루가 박혀 큰 고생을 했고, 어떤 팀원은 손바닥이 찢어지고 팔 다리에 굵직한 상처를 입기도 했다. 그들은 참고 견디며 주님을 위해 최선을 다했다.

팀원들이 기대한 사역의 형태는 아니었지만, 이들의 봉사는 종 되신 예수님의 모습을 몸으로 보인 것이었다. 이들은 한국 교회 신자들이 '말로만 믿는 신자가 아니라 말씀을 몸소 실천하는 신자들' 임을 보여주었고, 주님의 영광을 위해서는 어떤 희생도 마다하지 않고 최선을 다하는 참된 제자의 모습을 보여준 것이다. 많은 희생을 치르고 일본에 와서 2주 내내 예배당을 수리하거나 건축하고 돌아간 팀원들의 순종은 주님께서 일일이 기억하고 계실 것이다. 그들의 헌신을 떠올릴 때마다 내 마음도 훈훈해진다.

일본어 네 마디로 낚은 대어

1992년, 간사이關西 지역에 2,020여 명의 한국 대학생들이 보냄을 받아 137교회에서 전후반 2주씩 1개월간 주님을 섬겼을 때의 일이다.

한 여학생이 넥타이를 맨 신사에게 말을 걸었다. 그 여학생은 일본어라고는 네 마디밖에 몰랐다. "곤니치와안녕하세요?" 하고 말을 거니 "하이, 곤니치와!"라고 대답하는 그에게 사영리를 내밀며 "욘데 구다사이읽어 주세요"라고 했다. 그는 사영리를 받아 읽었다. 다 읽고 나자 "와카리마스카?아시겠습니까?"라고 물었고 "하이, 와카리마스!"라고 대답하는 그에게 네 번째 말을 내뱉었다. "신지테 구다사이믿으세요."

머뭇거리는 그를 자기가 섬기는 교회로 데려갔다. 코리언 나이트가 있는 날이었다. 한국 음식을 준비해 그동안 만난 이들과 교회의 신도들을 대접하며 스킷, 간증, 율동, 찬양을 통해 전도와 결신을 촉구하는 내용으로 진행되었다. 그 신사는 불고기 등 한국 음식을 먹으며 두어 시간 함께 있다 돌아갔다.

그런데 그에게 문제가 발생했다. 교회에 가본 일도, 찬송을 불러보거나 성경을 만져본 일도 없는 그의 머릿속에 팀원들이 부른 복음 성가가 입력되어 견딜 수가 없었던 것이다. '사아 산비시요 스쿠이누시 예수님자, 찬양합시다 구세주 예수께'이라는 찬송이 밤에도 낮에도 운전하거나 사무를 볼 때도 계속 들렸다. 이비인후과에 가 보았으나 모두 정상이라고 했다. 도저히 참을 수 없게 된 그는 다음 주일날 그 교회를 찾아갔다. 팀원들은 이미 귀국해 버리고 없었다. 그는 목사에게 "구세주 예수가 누구십니까? 확실히 가르쳐 주십시오"라고 애원했고, 목사는 사영리를 다시 읽어주며 결신을 유도했다.

그 다음 주일날 그는 자기의 부하 직원 6명을 교회로 데려왔다. 오사카大阪에서 제일 큰 회사 공장장이었던 그는 교회에 정식으로 등록한 후 열심히 전도하고 봉사하게 되었다. 3년 반 동안에 35명의 새로운 신자가 생겼는데 그 중 32명을 그가 전도했다. 그의 이름은 다나카田中였다. 결국 그가 "다 낚아" 버린 셈이었다.

그의 믿음은 수십 년 믿은 기존 신자들을 능가했고, 교회의 행사가 있을 때는 앞장서서 섬기는 본을 보였다. 뉴라이프 계절이 되면 아무리 바빠도 공항에 나와 단기 선교사들을 미소로 맞이하곤 한다. 오사카에서는 그를 CCC의 오토상아버지이라고 부르고 있다.

야쿠자를 전도한 뉴라이프 팀원

1993년부터 시작된 후쿠오카福岡 뉴라이프는 오사카와 간사이 지역에서 일어난 역사가 그대로 전이되어 상상을 넘어선 풍성한 열매를 맺었다. 규슈九州 지역에 두 번째로 실시된 1994년 여름, 후쿠오카의 한 교회는 산마루에 새로운 예배당을 짓고 지역 전도에 심혈을 기울이고 있었다.

교회 안에 샤워 시설이 없어 일과가 끝나면 목사는 종일 수고한 팀원들을 차에 태우고 대중 목욕탕에 갔다. 팀장은 언제나 코팅한 사영리를 탕으로 가져갔다. 그날은 마침 문신한 사람이 열탕 안에 앉아 있었다. 험상궂은 인상이었으나 팀장은 사영리를 들고 그에게 다가갔다. 서투른 일본말로 이런 것 본 적이 있느냐고 물었고, 그는 처음 본다고 대답했다. 그리고 사영리를 천천히 읽어나갔다.

이 광경을 지켜본 목사는 큰일났다 싶었다. 하룻강아지 범 무서운 줄 모른다더니 야쿠자를 알아보지 못해 접근했다는 생각에 이러지도 저러지도 못한 채 애만 태우고 있었다. 남들보다 땀을 더 많이 흘리며 걱정했다. 여차하면 큰일난다는 두려움에 안절부절못하며 곁눈질로 보고 있는데 야쿠자는 열심히 들으며 간간이 고개를 끄덕이고 있었다. 어느 정도 안심이 되었지만 그래도 마음을 놓을 수가 없었다.

목욕을 어떻게 마치고 나왔는지 모를 정도로 마음고생을 하다 탈의실에서 옷을 입고 있는데 야쿠자가 말을 걸어왔다. "당신이 이 사람들을 데리고 왔소?" "네 그렇습니다만……." 야쿠자는 이렇게 말했다. "이 길로 들어선 19년 만에 처음으로 인간 대접을 받았소. 동료들 외에는 내게 말을 거는 사람이 하나도 없었소. 그런데 오늘 내게 말을 걸어온 사람이 있어서 이렇게 기쁠 수가 없소." 그는 만 엔짜리 두 장을 건네주면서 이 사람들 저녁이라도 사 먹이라 했다. 그 목사는 뉴라이프 평가회 때 눈시울을 붉히면서 이 사실을 감동적으로 피력하였다.

복음은 차별이 없다. "아무나 오게!"이다. 비록 그늘에서 공포를 끼치며 사는 야쿠자에게도 복음이 필요하기는 마찬가지다. 후쿠오카 시민이 120만 명이니 이 야쿠자를 만날 확률은 120만분의 1이다. 그날 그때 그 목욕탕에 가지 않았거나 두려워서 전도하지 않았다면 그 야쿠자는 영영 복음을 듣지 못하고 생을 마감했을지도 모른다. 복음은 철의 장벽만 넘을 뿐 아니라 흑암에서 사는 자들에게도 차별 없이 배

달될 수 있다는 단면을 보여준 사건이었다. 우리는 기회가 주어지면 언제 어디서든지 복음을 즉각적으로 전해야 한다.

전도지 10만 장 뿌리고 통곡한 목사

1992년 여름, 간사이關西 지방에서 뉴라이프 전도 봉사를 할 때의 일화다. 참가한 한 교회의 목사는 교회 주변의 주민들에게 전도지 한 장이라도 전해 주고 싶었던 평소의 소원을 이루어보고자 했다. 팀원들은 아침 일찍부터 밤늦게까지 교회 주변의 확대된 지도를 펴놓고 한 집 한 집 확인해 가면서 전도지를 배부했다.

▲ 뉴라이프 레인보우 교회 팀

담임목사가 앞장서서 모범을 보였기에 팀원들은 말없이 현지 성도들과 함께 전도지 배부에 총력을 기울였다.

몇몇 팀원들은 전도지만 뿌리고 직접 전도하지 못하는 것에 대해 아쉬움을 토로하기도 했으나 팀장은 순종할 것을 강조했다. 무더위에 땀은 주르르 흐르고 발은 아프고 피로가 쌓여갔지만 교회 주변 사방 5km 이내의 모든 집에 일일이 전도지를 배부하였다.

전도지 10만 장을 모두 배부했음이 확인되었다. 개인 전도를 하고 싶어 안달이 난 팀원들에게는 11일간의 전도지 배부가 지겨운(?) 작업이었으나 그 교회의 목사에게는 영적으로 무거운 짐을 벗는 시간이었다. 교회에 돌아온 목사는 강대상 앞에 엎드려 울면서 큰 소리로 외쳐댔다.

"하나님! 저는 교회 주변에 살고 있는 10만 명의 피값에 깨끗합니다. 10만 가구에 전도지 배부가 끝났습니다. 저와 성도들의 힘만으로는 못할 일을 한국 대학생들이 해주었습니다. 너무 감사합니다. 전도지를 반드시 읽게 하시고 구원의 문이 열리게 해주옵소서. 읽지 않은 채 버려지지 않도록 비상 섭리하여 주시옵소서."

어깨를 들썩거리며 우는 그의 모습을 바라보는 팀원들의 눈에서는 굵은 눈물이 하염없이 흘러내리고 있었다.

우리 교회는 6대 7대 8입니다

후쿠오카福岡 지역에는 한국을 자주 왕래하면서 목회 정보를 교환하고 있는 교회들이 많다. 이곳에서 부산까지는 항공편으로 45분, 쾌속정으로는 2시간 50분밖에 안 걸린다. 바로 이웃과 같은 지역이다.

후쿠오카에서 뉴라이프가 시작되었을 때, 처음에는 일본어를 모르는 대학생들이 어떻게 일본인들에게 전도할 수 있으며, 또 길거리에서 남녀가 함께 짝지어 다니면 오히려 교회의 이미지마저 훼손되지 않을까 하는 우려가 생겨났다. 지도자들은 걱정이 태산 같았다. 그러나 막상 사역이 시작되자 이틀도 안 되어 괜히 걱정했다며 뉴라이프 담당자들에게 미안하다는 말을 했다.

후쿠오카 공항에서 걸어서 7~8분 떨어진 곳에 방주 모양으로 지어진 하카타博多 교회가 있다. 그 교회의 담임 목사는 평가회 때 눈물을 글썽이며 "우리는 6대 7대 8의 은혜를 입은 교회가 되었다"고 말했다. "뉴라이프를 도입해 6년 사역하는 동안 7명의 세례 교인이 생겼고 8명의 구도자를 얻었다"는 뜻이다. 1년에 새 사람이 하나도 안 오고 5년 지나도 세례자가 없다는 것이 일본 교회의 일반적 현상인데, 6년 동안에 세례 교인 7명을 얻고 진지하게 성경을 공부하는 구도자가 8명이나 생겼다는 것은 보통 일이 아니다.

요즈음 한국 교회가 마이너스 성장하고 있다는데 이 목사의 말을 귀담아들어야 한다. 주님은 한 영혼이 천하보다 귀하다 하셨는데 우리는 과연 주님이 찾으시는 잃은 양에 대해 얼마나 깊은 관심을 가지고 있는가? 교회로 찾아오는 이들을 천하보다 귀한 존재로 알고 열심히 양육할 자세가 되어 있는가?

뉴라이프 초창기 5년간의 간증들

뉴라이프가 진행된 첫 5년간, 시행착오도 많았지만 곳곳에서 뜨거운 성령의 역사가 쏟아져 나왔다. 뉴라이프를 마친 후 참가 교회들이 전해 준 생생한 간증들을 모아 보았다.

3년째인 후쿠오카에서는 전체 집회 때 36명의 젊은이들이 해외 선교사로 헌신하였다. 후쿠오카에서 260리쯤 떨어져 있는 구마모토熊本의 어느 교회는 매년 5천 장 이상의 전도지를 배포했는데 3년째에 드디어 두 가정에서 반응을 보였다고 한다. 그 반응은 이러했다. "이제 잘 알았으니 더 이상 전도지를 넣지 말아 주세요!" 담임 목사는 이 전화를 받고 대단히 기뻐하며 내년에는 이런 전화가 더 많이 걸려올 것을 기대한다고 했다.

후쿠오카의 어느 교회에서는 목사가 팀원들과 아침부터 밤까지 계속 행동을 같이 하면서 전도지 배포, 노방 전도, 축호 전도 등을 실시하였다. 나고야名古屋의 어느 교회에서는 60여 명그 중 60%가 비기독교인을 초청하여 전도 집회를 했다. 학생들이 태권도 시범을 보이고 있을 때, 20년간 일본 가라테空手 사범으로 일한 사람이 집회 안내서를 보고 참석하여 예수님을 구주로 영접했다.

▲ 단기 선교 팀원들이 태권도 시범을 통해 예수님의 고난을 공연하는 모습

　어느 교회에서는 개인 전도에 주력한 결과 80명을 만나 20명의 결신자를 얻기도 하였고, 또 다른 교회에서는 84명을 전도하여 21명의 결신자를 얻었다. 복음자유교회 교단의 한 교회는 부부 파티에 40쌍이 참석하였는데 그 중 20쌍이 비기독교인이었다. 대원들이 '날 위하여'라는 무언극을 공연하였을 때 10쌍이 예수님을 구주로 영접하였다. 그 교회 목사는 교인 전체 집회가 진행되는 도중 예배당 한복판에 나와 덩실덩실 춤을 추었다. 담임 목사의 새로운 면을 보게 된 성도들은 깜짝 놀랐다. 법궤 앞에서 춤을 춘 다윗을 연상한 것이다.
　그동안 참가한 교회 가운데 교인수가 가장 적었던 어느 교회에서는 새로운 신자를 15명이나 맞이하게 되었다. 이치노미야─宮 지역의 한 교회에서는 전도지를 받고 교회에 초청된 세 자매가 스킷 드라마를 보고 시종 눈물을 흘리며 예수 그리스도를 구주로 영접하였다.

또한 감사한 것은 교회 내의 기존 신자들이 변화를 체험한 사실이다.

몇몇 교회 목사의 자녀들이 팀원들의 활동을 지켜본 후 침체되어 있던 신앙을 회복하게 되었다. 단지 목사의 자녀들뿐 아니라 교회의 중요한 제직들이 거듭나는 체험을 하는 모습도 볼 수 있었다.

다음은 뉴라이프를 통해 변화된 일본 교회 목회자 및 성도들의 진심어린 고백이다.

"뉴라이프는 사랑의 기적입니다." "일본 교회를 살리는 일에 이 뉴라이프 사역이 큰 몫을 담당하고 있습니다." "우리도 주님의 능력을 믿고 하면 된다는 신앙을 배웠습니다." "신앙은 이론이 아니라 실제라는 사실을 체득했습니다." "지식만 축적하고 행동이 없는 단체를 버리고 우리 교회는 하나님의 영광과 교회의 부흥을 위해 뉴라이프를 도입했습니다. 그 결과 부흥의 역사가 나타나고 있으며 소망이 넘치는 교회가 되었습니다." "목사님, 저와 우리 가족에게 구원의 주를 소개해 주셔서 정말 감사합니다." "우리는 성령 충만을 배우고 전도와 제자 훈련의 방법을 배웠습니다. 이제는 행동하는 교회가 되었습니다." "우리는 성경에 목숨 건 신앙을 배웠습니다. 우리도 성경대로 전도하고 가르치고 선교하겠습니다." "뉴라이프를 통해 우리 교회가 양육할 대상은 130명이 되었습니다." "저는 여러분을 만나고 난 다음 크리스천으로서 제 인생에 가장 행복한 날들을 경험했습니다."

부족하고 어린 학생들을 통해 놀라운 일들을 행하신 주님을 찬양한다.

# 일본 교회에 신선한 충격을 준 뉴라이프

뉴라이프 사역이 처음 시작되었을 때, 사실 일본 교회 지도자들은 이 사역에 그리 큰 기대를 하지 않았을 수도 있다. 그러나 해가 거듭될수록, 이들은 뉴라이프가 일본 교회를 깨우는 신선하고 신뢰할 만한 프로젝트라는 사실을 깨닫게 되었다. 목사들 개인의 신앙 자세와 성도들의 주님을 섬기는 방법에도 많은 교훈을 주었을 뿐 아니라 일본 교회의 하나 됨에 공헌했다.

현재 일본 교회는 크게 나누어 두 흐름이 두드러지게 나타나고 있다. 1993년 오사카의 코시엔甲子園 집회를 중심으로 한 '카리스마 운동'과, 1994년 도쿄 돔의 빌리 그레이엄 국제대회를 중심으로 한 '복음주의 운동'이 그것이다. 이 두 운동은 물과 기름처럼 극과 극을 달리고 있다. 복음주의자들은 카리스마 운동에 전혀 동참하지 않고 있다.

그러나 뉴라이프 프로젝트에는 은사파도 복음파도 함께 참여하고 있으니 참으로 감사한 일이다. 특히 1995년에 처음 시작된 나고야名古屋 지역에서는 7개 교단의 11개 교회가 참여했는데, 그들은 각각 소속된 교단에서 아주 중요한 위치에 있는 분들이었다. 2차 세계 대전이 끝난 후 50년 동안 그렇다할 교제가 한 번도 없었던 교회들이 뉴라이프의 이름으로 하나가 되었다. 현지 목사들도 이것은 불가사의한 일이요 기적이라고 했다.

또한 뉴라이프는 민간 외교적인 측면에서도 한몫을 담당했다.

이제까지 일본의 정치가에게서는 과거 일본이 저지른 죄과에 대해 한 번도 만족할 만한 사죄의 발언을 들어본 일이 없다. 그러나 일본 교회들은 한국 팀원들 앞에서 자기들의 과거를 회개하며 눈물로 용서를 빌고 있다. 61세 된 어느 일본인 신자는 주일 예배에 참석한 후 다음과 같은 편지를 보내왔다.

"오늘 아침 예배에 참석할 수 있게 된 것을 진심으로 하나님과 여러분에게 감사드립니다. 전쟁 전후를 지내온 제게 있어 오늘 아침 예배는 인상 깊었습니다. 팀 여러분이 앞에 나와 찬송을 부를 때, 저는 한 사람 한 사람의 얼굴과 모습을 보면서 그 꺼림칙한 식민지 정책, 종군 위안부, 강제 노동 등의 단어가 머릿속에 맴돌아 견딜 수 없었습니다. 할 수만 있다면 이대로 자리를 박차고 나아가 여러분 앞에 엎드려 과거의 일본인의 죄를 사죄하고 싶었습니다. 눈물을 억제하고 한 분 한 분께 마음 깊이 용서를 빌었습니다. 그리고 오늘 아침 같은 의미 깊은 한·일간 청년 교류의 장이 50년 전, 100년 전에 마련되었더라면 역사는 달라지지 않았을까 하고 느꼈습니다. 부디 팀 여러분 한 사람 한 사람이 양국의 다리가 되어 상호 이해, 평화와 안정, 번영, 문화 교류를 위해 더욱 활약해 주시길 바랍니다."

진정한 용서와 화해가 무엇인지를 실감하는 장소가 바로 뉴라이프 프로젝트이다.

선한 경쟁

뉴라이프 단기 선교는 일본인 크리스천들에게 용기와 담력과 가능성을 보여준 주님의 역사였다. 일본에서 비교적 개방적이고 마음이 따뜻한 주민들이 많은 지역이 홋카이도北海道와 오키나와沖繩다. 일본의 최북단인 홋카이도는 120여 년 전 클라크 박사가 학생들을 가르칠 때 전국에서 농사할 사람들을 모집, 가능성이 인정되는 자들에게 5천 평씩 무상으로 나눠주었다. 홋카이도 사람들은 각지에서 모여 온 사람들이라 아주 개방적이다.

한편 일본의 최남단인 오키나와는 예부터 여러 나라와 무역을 했기 때문에 '만나면 형제'라는 폭넓은 사고를 가진 사람들이다. 외국

▲ 삿포로 클라크 박사 동상 앞에서 단기 선교 담당자들과 일본 CCC 대표, 단기 선교 단장도 함께

인에게 친절하고 마음으로 환영한다.

두 지역 모두 다른 일본 사람들에 비해서 솔직하고 복음에도 '예'와 '아니요'가 분명한 편이다. 또한 두 지역 모두 경제적으로 소외된 땅이다. 홋카이도는 함경도처럼 버림받은 땅이라는 인상이 들 정도로 영세한 곳이다. 오키나와도 독립국인 류큐琉球 왕국이었다가 일본 식민지가 된 이후 중앙 정부의 도움 없이는 살 수 없는 가난한 지역이 되었다. 1991년도 일본의 1인당 GNP가 45만 엔일 때 오키나와는 31만 엔이었다.

홋카이도 뉴라이프는 1996년에 시작되었다. 이곳 지도자들은 뉴라이프로 많은 은혜를 받았다. 어느 회합에서 나는 말했다. "꽃은 남쪽에서 북쪽으로 피워가지만 복음의 꽃은 북쪽에서 남쪽으로 피워가게 합시다." 목회자들뿐만 아니라 온 성도가 "아멘!" 하면서 그렇게 하자고 결의했다.

오키나와 뉴라이프는 2년 늦은 1998년에 시작되었다. 홋카이도 분들이 "복음의 꽃만은 북에서 남쪽으로 퍼져가게 하겠다"고 다짐했다는 말을 전하자, 오키나와 분들은 그럴 수 없다고 했다. "그것은 자연의 순리를 어기는 일이므로, 어느 지역보다 복음의 역사가 활발히 일어나고 있는 오키나와에서부터 복음의 꽃을 피워나가야 한다"고 역설했다. 이는 선한 경쟁의 빌미가 되었다.

결국 이들은 "그러면 좋다. 선의의 경쟁을 통해 어느 지역이 먼저 복음화되는지 보자"고 했다. 싸움(?)을 붙인 장본인으로서 나는 은근히 기뻤다. 어느 지역이 먼저 복음화되든지 그것은 오로지 하나님 아버지를 기쁘시게 해드리는 일이기 때문이다. 또한 이들의 열정은 자신들의 지역뿐 아니라 일본 전역에까지 선한 영향을 미치게 될 것이므로, 나는 즐거운 마음으로 양 지역의 복음화 경쟁을 부추기고 있다.

 **"일본은 안 된다"는 말씀이 성경 어디에 기록되어 있습니까?**

1997년 가을, 오키나와沖繩를 방문하여 열흘간 머물렀다. 교회들을 찾아다니며 뉴라이프 단기 선교 참여를 권면한 결과, 준비 모임 때는 18명이 모였다. 그런데 다른 지역에서 뉴라이프를 시작할 때와 마찬가지로 목사들의 반응은 신통치 않았다. 게다가 한 원로 목사님이 "일본에서는 이런 방식으로는 안 됩니다"라고 말씀하셨다.

이 목사의 발언이 전체에 미칠 영향을 생각하여 안절부절못하던 나는 순간적으로 하나님께 지혜를 구했다. 어떤 영감이 떠오르기에 성경을 들고 그에게 다가가 정중한 자세로 이렇게 응수했다. "목사님, 제가 성경을 가지고 40년 이상 읽고 연구하고 묵상하며 신앙 생활에 적용해 왔습니다. 그러나 '일본은 안 된다' 는 구절은 한 번도 읽어본 일이 없습니다. 성경 어느 곳에 그런 말씀이 있습니까?"

나는 진지한 자세로 그 목사의 얼굴과 성경을 번갈아 쳐다보면서 다그쳤다. "창세기에 있습니까? 신명기에 있습니까? 만일 구약 성경에 없다면 신약에 그런 말씀이 있습니까? 마태복음에 있습니까? 마가

복음에 있습니까?" 다른 분들은 웃었으나 그 목사는 얼굴을 붉히며 머뭇거렸다. 계속되는 도전에 결국 그는 "와타쿠시 마케마시타제가 졌습니다"라고 했다. 그가 뉴라이프에 참여하겠다고 하자 다른 목사들도 호응하였다. 오키나와의 뉴라이프는 이렇게 시작되었다.

나는 그때의 일을 깡그리 잊고 있었다. 2000년 1월, 3년째 오키나와 뉴라이프를 섬기는 중에 어느 교회 수요 예배에서 설교하게 되었다. 담임 목사는 내가 설교를 마치자 이렇게 말했다.

"저는 뉴라이프를 통해 가족들과 다른 교회 지도자들과 불신자들로부터 받은 상처를 깨끗이 치유받았습니다. 가장 감명 깊었던 것은 뉴라이프 준비회 때 계속 부정적인 말씀으로 일관하는 어느 원로 목사에게 김 목사님이 '일본은 안 된다는 말씀이 성경 어디에 기록되어 있습니까?' 하고 질문하시던 장면입니다."

성경은 책 중의 책이며 인간 만사를 판가름하는 유일한 책이다. 성경이 '예'하면 '예'가 되고 '아니요' 하면 '아니요'가 된다. 성경에 '일본은 안 된다'는 말이 없는 한, 일본 선교에 대한 성경의 대답은 '가능하다'이다. "할 수 있거든이 무슨 말이냐 믿는 자에게는 능히 하지 못할 일이 없느니라"막 9:23고 하지 않았는가?

K교단 지도자의 코멘트

도카이東海는 나고야名古屋를 중심으로 일본의 한가운데

부분을 이루고 있는 지역이다. 그곳에서 수십 년 목회하면서 제자들 40명 이상을 목사로 키워낸 지도자가 있다. 그는 일본의 리더들 가운데서 다섯 손가락 안에 들 만큼 잘 알려진 분일 뿐 아니라 실력 면에서도 톱클래스의 인물이다. 그는 도카이東海 지역 뉴라이프가 시작되던 1995년부터 참여해 교회 부흥에 힘쓰고 있다. 해마다 결신자를 얻어 양육하는 즐거움을 누리는 분이다. 그는 매년 2주간 진행되는 뉴라이프를 위해 200만 엔의 예산을 투입한다. 통역도 아주 유능한 유학생을 청하여 봉사하게 하되, 왕복 교통비와 아르바이트 비용까지 계산하여 충분히 보상하면서 일을 시킨다.

매년 연말 광주 지역의 금식수련회에 참석, 3박 4일의 전 과정을 금식한다. 당뇨병 때문에 '한 끼라도 굶으면 큰일날 가능성이 있으니 반드시 식사는 제때 해야 한다'는 의사의 경고에도 불구하고, 그는 성도들까지 데리고 가서 금식하곤 한다. 광주 CCC에 가면 아침 7시 반부터 밤 10시까지 캠퍼스에서 진행되는 학생들의 모든 모임에 참석한다. 수업하고 기도하고 전도한 후 성경 공부하는 모습들을 일일이 지켜보면서 받은 감동을 자기들의 교단 창립 50주년 기념지에 무려 7페이지나 기록하여 발표했다. 그는 "교단 4대 실천 강령을 한국 CCC 사람들은 이미 오래 전부터 실천하고 있었다"고 피력하며 감동받은 바를 솔직히 전달하였다.

그는 제자훈련원의 도카이 지역 책임자이기도 하다. 매주 목회자들을 초청하여 단계적으로 교육시키며, 교회에서도 10여 개의 모임을 인도하면서 제자 양육에 심혈을 기울이고 있다. 그는 일본 복음화를 위해 주님이 세우신 종이다. 뉴라이프 2년째를 맞아 전도해 본 후 그는 말했다. "만일 뉴라이프와 제자훈련원이 손잡고 일본 복음화에 힘쓴다면 일본 복음화는 시간 문제일 것입니다." 일본의 상황을 훤히 알고 있는 그는 여러 번 이 말을 되풀이했다.

제자 훈련을 열심히 받아도 전도를 잘 못하는 사람들이 있는 반면, 제자 훈련을 안 받아도 전도를 잘 하는 사람들이 있으니, 이 두 그룹이 힘을 합해 전도해서 바로 제자화한다면 부흥이 일어난다는 확신에 찬 말씀이었다.

당신은 사랑받기 위해 태어난 사람

일본 내 224개의 지역에서 여름과 겨울에 진행된 단기 선교 결과를 보면서 어리고 약한 한국 대학생들을 통해 성령께서 역사하고 계심을 확신했다. 언어와 문화와 관습이라는 두꺼운 장벽을 극복하며 전도한다는 것은 아주 어려운 일이다.

단기 선교에 참석하는 학생들은 일본에 오기 6개월 전부터 매주 한 번씩 간단한 일본어를 익히며 문화와 관습에 대해 단편적으로 공부한다. 마지막 며칠간은 합숙하며 현지에서 진행할 프로그램 준비에 들어간다. 사영리전도 소책자도 일본어로 연습한다. 그러나 준비한 것들이 전혀 도움이 되지 않을 때도 많다. 일본은 일본대로 특징을 가지고 있기 때문이다.

▲ 오키나와 나하린진 교회에서 코리언 나이트 전도를 마치고

 전통적인 문화의 바탕에서 자란 일본인들이 고정 관념을 버리고 우리가 전하는 복음을 받아들이기는 진짜 어려운 일이다. 그러나 주님은 불가능이 없으신 전능자이심을 단기 선교를 통해 체험할 수 있게 된다.

 학생들은 다양한 프로그램을 가지고 온다. 일어로 자기 소개는 물론 복음 성가도 연습한다. 복음의 내용을 알기 쉽게 표현한 스킷 드라마와 워십 댄스도 준비해 온다. 코리언 나이트 때는 정성껏 한국 음식을 준비한 후 한복을 입고 일본인들을 영접한다. 융숭히 대접한 후 율동과 태권도, 간증과 고전 무용 등으로 흥겨운 시간을 갖는다. 마지막에는 새로 온 분들을 둘러싸고 '당신은 사랑받기 위해 태어난 사람' 이라는 복음송을 한·일 양국어로 부른다. 노래를 듣다가 머리 숙여 눈물짓는 모습이 보인다. 잠시 후 눈물을 훔치며 그들은 이렇게 말한다. "내가 사랑받기 위해 태어났다는 말은 평생 처음 들었어요."

누가 그랬던가? '노래는 국제 언어'라고. 단기 선교 팀원들이 서투른 일어로 노래할지라도 그 복음송을 통해 성령께서 역사하셨음을 나는 확신한다. 하나님의 때가 찼기 때문에 잃은 영혼들을 찾으시는 우리 주님이 이런 방법으로 양의 신음 소리를 들으신 것이 아닐까?

악령이 쫓겨난 찬양 집회

일본에서 악령의 역사가 가장 심한 지역은 오키나와沖繩다. 대낮에 아파트에서 귀신들이 산발하고 걸어다니는 모습을 본 주민들이 무서워 못 살겠다며 하나 둘씩 퇴거하는 바람에 아파트 전체가 텅 비게 된 일도 있다고 한다. 반면 성령의 역사가 가장 강하게 나타나는 지역도 오키나와다. 이 곳에는 '노로'와 '유타'라는 무당이 있다. 노로는 관청에서 행사가 있을 때 축복하는 일을 하고, 유타는 서민 대중에게 절대적 영향을 끼친다. 오키나와는 이 무당들의 활약이 크게 두드러진 지역이다.

2007년 1월 오키나와 뉴라이프가 진행될 때 '보배 담은 질그릇'이란 부부 듀엣 팀이 교회를 순방하며 찬양 집회를 인도했다. 어느 교회에서 집회할 때였다. 40대 중반의 여인이 괴로운 표정으로 구역질하며 화장실을 들락거렸다. 예배가 중반에 접어들어 '하나님의 영이 나

▲ '보배담은 질그릇'이란 부부 듀엣이 교회를 순방하며 공연하는 장면

를 만지시네, 나를 치유하네, 나를 살리시네'를 찬양할 때였다. 그 여인은 온몸을 부들부들 떨며 힘들어했다. 몇몇 성도들이 그를 감싸고 기도했다. 그러자 그녀의 얼굴이 평안해지고 눈물을 흘리며 손을 들고 감사 찬양을 했다.

예배 후 들은 이야기다. 그녀는 악령들의 공격에 괴로워 견딜 수 없었다고 한다. 어렸을 때부터 귀신들이 눈에 보이고 다른 사람들의 영을 읽게 되었다. "저 사람 내일 죽겠구나" 하면 그렇게 되었다. 악령들이 가르쳐주는 그대로였다. 여지없이 무당이 되어야 했다. 이를 안 친척 아주머니가 그녀 대신 무당이 되었다. 그러나 악령은 계속 그녀를 괴롭혔다. 찬양 집회 이틀 전에 그녀는 친한 성도를 찾아가 새벽 2시까지 대화를 나누었다. 그 자매가 찬양 집회에 참석할 것을 권했고, 그 결과 악령을 물리치는 은혜를 입게 되었다.

그녀는 예배가 진행되는 동안 악령들의 공격을 받았으나 '하나님의 영이'라는 찬양과 성도들의 중보 기도를 통해 해방되었다. 악령이 찬양의 능력으로 그 여인에게서 도망친 사건이었다. 악령이 아무리 강할지라도 예수님 당시부터 악령의 역사를 타파하시고 택한 자녀들을 선한 길로 인도하신 성령님이 더욱 강하시다. 그러므로 오키나와 주민들뿐 아니라 일본 열도를 지배하고 있는 악한 영들을 모두 척결하실 그날이 머지않아 반드시 임하게 될 것이다. 물이 바다를 덮음같이 여호와를 아는 지식이 일본 열도에 편만할 그날이 꼭 온다는 말이다.

한국 교회 부흥의 원류를 찾아서

1991년 오사카大阪에서 시작된 뉴라이프가 1996년에는 전국의 주요 7개 지역으로 확산되었다. 각 지역의 실행위원회에서는 한국 교회를 근원부터 배우자는 취지로 한국 연수 여행을 기획했다. 주제는 '한국 교회 부흥의 원류를 찾아서' 였다. 오사카를 비롯한 7지역에서 64명의 목회자와 평신도들이 참가했다. 때는 9월 중순이었다.

양재동 햇불선교관에서 숙박하며 세미나도 그곳에서 진행했다. 역사의 소용돌이 속에서 한국 크리스천들이 고난을 겪으며 어떻게 기도하고 행동했는지, 직접 배우기 위한 연수였다.

그간 많은 종류의 연수회가 열렸지만 이 연수회는 한국 교회가 폭발적으로 성장한 계기가 되었던 엑스플로 74를 기획하고 수행한, 그리고 여의도 광장에 100만 명 이상을 동원하고 323,419명을 합숙 훈련시킨 한국 CCC 초대 대표 고故 김준곤 목사께 직접 그 사실들을 배우기 위한 것이었다.

또한 순교자 손양원 목사의 막내딸 손동희 권사가 '나의 아버지 손양원'이라는 주제로 어렸을 때부터 가까이서 들었던 아버지와 어머니의 대화, 그리고 옥중에서 고난당한 사실들을 눈시울을 적셔가며 들려주었다. 주일에는 각자 가보고 싶어 하는 시내의 유수한 교회들을 방문하게 했다.

23명을 불태워 죽인 일제 만행의 본거지 수원 제암리교회도 견학했다. 그들은 자기 조상들의 잔학상에 눈물을 흘리며 옆에 선 한국인 간사들에게 용서를 구했다. 독립기념관에도 갔다. 고문 장면을 보던 참가자들의 얼굴이 일그러졌다. 파고다 공원, 양화진 외국인 선교사들의 묘지, 절두산 등을 견학하고 나중에는 서대문 형무소에 갔다. 기괴한 고문 도구들을 바라보는 그들의 모습은 처참하기까지 했다.

금요일 저녁에는 부암동 회관에서 그동안 뉴라이프에 참가했던 팀원들과 함께 철야 예배를 드리며 재회의 기쁨을 나누었다. 뉴라이프에 참여했던 교회의 목사들과 성도들이 이 연수회를 통해 큰 격려와 도전을 받고, 각자 섬기는 교회에 적용하여 큰 결실을 얻었다는 간증을 많이 들을 수 있었다.

 ## 이은식 형제의 순교적 죽음

1991년 오사카大阪에서 시작된 뉴라이프가 1992년에는 간사이 지방으로 확산되어 137교회에서 전도 활동을 전개하였다. 야쿠자들이 많이 사는 교토京都의 한 지역에 한국인 교회가 있었다. 그 교회에 배정받은 대학생들은 노방 전도, 축호 전도, 예배 봉사 등을 통해 지역 전도에 총력을 기울이고 있었다. 어느 날 아침, 경북 출신의 한 형제가 전도지를 인근 주택에 넣고 오겠다며 혼자 나갔다. 그런데 아침 식사 시간이 되어도 돌아오지 않았다.

담임 목사를 비롯한 전 대원들이 찾아다녔다. 10시경에 8층 아파트 아래 떨어져 숨진 형제가 발견되었다. 어떤 경위로 이렇게 되었는지 끝내 알 수 없었지만, 이 형제는 일본 선교를 위해 자기 목숨을 드린 귀한 순교의 제물이 되었다.

우리는 장례식장에서 이 형제의 죽음이 일본 선교를 위한 밑거름이 될 것을 확신하며 진심으로 애도했다. 훗날 후쿠오카福岡 복음센터의 한 방을 '은식 사랑방'이라 명명하고 은식 형제의 순교적 죽음을 기리고 있다. '부모는 땅에 묻고 자식은 가슴에 묻는다'는 말이 있다. 그의 부모는 자식을 먼저 보낸 아픔을 믿음으로 이겨내고 이 사랑방에 거금을 헌납했다. 장례식에서 보여준 그의 부모님의 초연한 모습은 참석한 모두에게 참된 신앙인으로서의 귀감이 되었다.

이런 큰 사랑의 빚을 진 일본이 속히 복음화되어 우리 주님을 기쁘시게 해드릴 그날을 소망한다.

"내가 진실로 진실로 너희에게 이르노니 한 알의 밀이 땅에 떨어져 죽지 아니하면 한 알 그대로 있고 죽으면 많은 열매를 맺느니라"(요 12:24).

오아시스 운동

일본 선교에 있어 뉴라이프는 아주 중요한 프로젝트다. 1990년에 국제 CCC의 40여 개국에서 마닐라에 4,500명을 보내 전도할 때 한국 CCC는 3천여 명을 보냈다. 그 해 전반기에 일어난 큰 지진으로 걱정을 했으나 후반기에 지원한 학생들은 한 명도 낙오 없이 다 참여했다. "위험한데 괜찮겠니?"라고 걱정하는 내게 "아빠! 이런 때일수록 가서 도와야 하잖아요"라며 기도를 부탁하던 둘째딸의 모습이 지금도 선하다.

이듬해인 1991년에 처음 오사카에 보냄 받은 뉴라이프 팀은 일본 목사들 눈에 문제투성이었다. 그러나 "구원의 확신과 열정이 뜨겁고 복음 제시가 단순"하다며 해가 거듭될수록 환영의 강도가 높아졌다.

나는 오리엔테이션 시간에 학생들에게 '오아시스 운동'을 전개해 줄 것을 당부했다. 오아시스는 사막의 여행자에게 생명샘이다. 지치고 목마른 나그네에게 오아시스는 평안이며 안전한 요람이다. 사람이 세상이라는 사막을 살아갈 때 오아시스가 없다면 얼마나 고달프겠는가? 오아시스는 여행자에게만 필요한 것이 아니라 단기 선교에 참여하는 젊은이들에게도 필요함을 절감한 나는 '오아시스 운동'을 제창하게 되었다.

'오'는 오하요고자이마스안녕하세요?, '아'는 아리가토고자이마스고맙습니다, '시'는 시츠레이시마스실례합니다, '스'는 스미마셍미안합니다 을 뜻하는 네 마디의 머리글자를 따서 만든 신조어다. 이 네 단어는 일본인과 의사 소통함에 있어 유용하게 쓰이는 말이어서 무척 환영을 받았다. 특히 삿포로札幌 복음관 교회의 고故 미츠하시三橋 목사는 이 단어를 아주 좋아하였다.

인간은 사회적 동물이므로 로빈슨 크루소처럼 섬에 갇힌 채 홀로 살 수 없는 존재다. 관계 속에서 살아가는 만물의 영장이기에 의사 소통이 가장 중요하다. 더구나 일본말을 못하는 학생들이 일본에서 주님을 섬긴다는 것은 어려운 일이다.

긴장 속에서 낯선 사람들에게 복음을 전하는 단기 선교 사역은 사막에서 방황하는 나그네의 삶 그대로이다. 영육간에 고달픈 일정을 보내는 동안 음식과 기후에 적응하지 못하거나 긴장으로 소화 불량에 걸리는 젊은이들이 수두룩하다. 이런 상황에서 오아시스 운동으로 많은 난관이 해결되었다. '웃는 얼굴에 침 못 뱉는다'는 말대로 이렇게 정중하게 양해를 구하며 접근하는 한국의 젊은이들을 그들은 마음을 열고 받아들였다.

 ### 자살 직전의 부부를 살린 전단지 한 장

1999년부터는 도쿄와 나고야의 중간쯤에 있는 인구 50만의 시즈오카静岡에서도 뉴라이프가 시작되었다.

70세의 남편과 68세의 아내가 있었다. 남편은 건축 설계사무소 소장이었다. 그들은 평소 3천만~5천만 엔 정도는 증서 없이 빌려줄 만큼 유복한 부부였다. 그런데 버블 경제로 일거리가 줄어들고 쌓이는 부채와 이자를 감당할 수 없게 되었다. 별궁리를 다해 봤으나 끝났다 싶어 8일 후 자살하기로 작정, 독약까지 사다 놓고 살림을 정리하는 단계에 들어갔다.

어느 날 퇴근하는 남편이 우편물을 갖다 놓고 '잠깐 누굴 만나고 오겠다'며 나갔다. 부인은 그것을 정리하다 한국 대학생들이 넣어 둔 전도지를 읽었다. "수고하고 무거운 짐 진 자들아 다 내게로 오라 내가 너희를 쉬게 하리라"는 말씀이 기록되어 있었다. 읽고 또 읽었다. "우리야말로 수고하고 무거운 짐 진 자들이 아닌가?" 가슴을 치며 목놓아 울었다. 남편이 돌아오자 전단지를 보이며 퉁퉁 부은 눈으로 이렇게 말했다. "여보! 우리 아직 죽을 때가 아닌가 봐요. 이것 좀 읽어 봐요."

아내가 지적하는 부분을 읽던 남편도 울었다. 둘은 부둥켜안고 통곡했다. 밤 10시였다. 그들은 전도지에 기록된 교회로 갔다. "저희는 무거운 짐 진 자들입니다. 도와주십시오"라고 말하며 울음을 터뜨렸다. 그 교회 목사는 사영리를 읽어주었고 그들은 예수님을 구세주와

▲ 단기 선교팀이 예수 십자가를 앞세우고 행진하는 모습

주님으로 영접했다.

그 다음 해부터 뉴라이프 팀원들이 오면 그녀는 전도지 뭉치를 들고 앞장을 섰다. "이 도시에는 우리처럼 자살 직전에 있는 사람이 많습니다. 그들이 목숨을 끊기 전에 이 전도지를 읽고 구원받아야 합니다"라고 말하며 전도지 배부에 심혈을 기울였다.

만일 팀원들이 그 회사를 지나쳐버리고 전도지를 넣어놓지 않았다면, 그 부부는 이 복된 소식을 듣지 못한 채 영원한 지옥의 주인공이 되고 말았을 것이다.

 ## 오키나와에서 온 편지

-다나카 요시아 목사

　주님의 존귀하신 이름을 찬양합니다. 우리 교회가 한국 CCC의 뉴라이프 프로젝트를 받아들인 것은 1999년이었습니다. 그 이후 2~3년을 제외하고 해마다 뉴라이프 팀을 받아들였습니다. 우리는 매번 놀라운 은혜를 받았습니다.
　첫째, 단기 팀 대학생들이 열심히 기도하는 자세였습니다. 오키나와(沖繩) 사람들의 구원을 위해 매일 아침 일찍부터 열심히 기도했습니다. 만나본 일이 없는 외국인들의 구원을 위해 눈물 흘리며 목숨 걸고 기도하는 모습에 깊은 감동을 받았습니다. 주택 밀집 지역에 있는 우리 교회로서는 근처의 주민들에게 피해를 주지 않을까 걱정할 정도였습니다. 그들의 기도는 교회의 성도들에게 기도의 불을 붙여주었습니다.
　둘째, 섬기는 자세였습니다. 목사나 사모에 대해서는 물론, 신자인 형제자매들에게도 철저하고 겸손한 종의 자세를 보여주었습니다. 그것은 교회의 중고생이나 청년들에게 좋은 모범이 되었습니다. 또 코리언 나이트에 참석한 넌크리스천들도 그들이 기쁨으로 섬기는 자세를 보고 감동했습니다.
　셋째, 그들의 영혼 구원에 대한 열정이었습니다. 어느 해 대학생들은 날마다 전도지를 배부하러 나갔습니다. 오전에도 오후에도 아주 열심히 거리에 나가 나눠주었습니다. 그 결과 전도지를 받아든 수십 명의 사람들이 교회로 몰려왔습니다. 그 가운데 한 여성은 예배에 참석하였고, 결국은 세례를 받아서 감사하고 있습니다.

▲ 뉴라이프 단기 선교 때 궁중요리 강습회(강사는 궁중 요리 명인 원정필 권사)

보통은 거리에서 전도지를 받은 사람이 교회에 오는 경우가 거의 없었습니다. 그래서 팀장에게 그 비결을 물었더니 그는 전도지를 건넬 때 미소 띤 얼굴로 상대방의 눈을 그윽이 바라보면서 건네준다고 했습니다. 인간 관계가 소원해진 이 시대에 지나가는 사람과 따뜻한 관계를 맺고자 하는 진실한 태도가 사람들의 마음에 전달되었다고 생각합니다. 우리도 배워야겠다고 마음 깊이 새겼습니다.

넷째, 특수 팀의 존재입니다. 음악 팀, 태권도 팀, 댄스 팀, 요리 강사 등 등 일류 팀들의 놀라운 퍼포먼스는 미신자들을 초청하는 좋은 계기가 되어 감사하고 있습니다. 작년 음악 팀의 콘서트에 참석한 한 가족이 교회에 연결되어 그 가운데 중학생 딸이 신앙을 고백하고 세례를 받았습니다.

이와 같이 놀라운 인재들을 매년 오키나와에 보내주신 한국 CCC를 비롯하여 늘 몸으로 섬겨주시는 김안신 목사님, 그리고 오키나와 현지 책임자이신 이원배 목사님 부부에게 감사하고 있습니다. 학생들을 보내주신 가족이나 교회에 오키나와의 교회들이 얼마나 감사하고 있는지 전해 주시면 감사하겠습니다.

-나하 린진 교회 담임 목사

시마부쿠로 사토미 씨의 간증-뉴라이프 한국 학생들을 맞이하여

주님의 이름을 찬양합니다. 올해도 한국 CCC 학생들이 오키나와에 와서 오키나와 사람들의 구원을 위해 스스로를 드리며 봉사해 주신 것을 진심으로 감사드립니다.

저는 류큐琉球 대학과 오키나와 국제대학에서 일하는 비상근 강사로, 영어 클래스를 담당하고 있습니다. 작년에는 CCC 학생들이 류큐 대학에 있는 저의 클래스에 와서 스킷과 찬양 등을 통해 하나님의 사랑을 전해 주었습니다. 그리고 올해는 10명의 학생들이 오키나와 국제대학 클래스에 와서 스킷과 찬양, 한 학생이 간증을 해주었습니다. 이들을 맞이하기 전에 한국 크리스천 학생이 클래스에 올 것임을 학생들에게 알려 두었지만, 막상 교실에 들어온 그들을 보고 지금부터 어떤 일이 벌어질 것인지 일본 학생들은 어안이 벙벙한 표정을 지었습니다.

급하게 외운 서툰 일본어와 영어로 자신을 소개하는 한국 학생들의 모습은 웃음을 유발하였고, 그들의 열정적이고 친밀한 태도는 그곳의 분위기를 부드럽게 바꿔갔습니다. 리더의 유창한 일본어 통역을 통해 스킷과 찬양이 진행되었습니다. 그 중에서 제게 가장 인상 깊게 남은 것은, 한 남학생의 간증이었습니다.

그 형제는 자신의 지난 가정 형편과 고민 등을 나누면서 그 상황 가운데 예수 그리스도를 통해 구원 받아 삶의 기쁨을 얻었다고 말했습니다. 그들과 동년배인 일본 학생 중에서 이 이야기에 공감한 사람, 또는 깊이 생각하게 된 사람도 많았을 것이라고 생각됩니다.

이번 학기 마지막 수업의 단 40분 정도의 짧은 시간이었지만, 저의 학생들은 평소에 볼 수 없던 진지한 눈빛으로 생동감 넘치는 한국 학생들의 모습을 보고 있었습니다. 그들이 이런 형태로 하나님에 대해 알게 된 것은 아마 처음일 것입니다.

학생들이 전하고자 했던 하나님의 사랑이나 예수 그리스도를 통한 구원이 어느 정도 전해졌는지는 모르지만, 학생들 한 명 한 명의 마음속에 무엇인가 새겨졌을 것입니다. 언젠가 반드시 그들이 창조주 하나님을 바라보게 되리라 기대합니다. 그리고 기쁘게도, 그 후에 한 명의 일본 학생이 저희 교회에 처음으로 와 주었습니다. 그 학생이 구원받도록 지금부터 계속 기도할 것입니다.

항상 CCC 학생들을 볼 때마다, 그들의 순수하고 헌신적인 자세에 감동을 받습니다. 그들이 뿌려 준 씨앗을 헛되이 하지 않고, 그 뿌리를 힘차게 뻗어 풍성한 열매를 맺도록 저도 학생들에게 계속 권면하려고 합니다. 하나님의 종인 귀한 학생들을 오키나와에 보내 주신 한국 CCC 분들께 진심으로 감사드립니다.

-2000년 2월 19일 나하 침례교회 성도

5부

선교는 나무를 심는 것과 같다

고베 지진

1995년 1월 17일 오전 5시 46분경, 일본 오사카大阪 남부 고베神戶 지역에 격렬한 지진이 약 20초간 계속되었다. 진도 7.3으로 전후 유례없는 큰 지진이었다. 비참한 상황은 날이 밝음과 동시에 확실해졌다. 결국 6,434명의 사망자와 3만여 명의 부상자, 가옥 파괴 16만 채, 31만 명의 이재민이 발생하는 비극을 초래했다. 제2차 세계 대전 후, 아니 1923년 9월 1일에 발생하여 142,000명의 사망자를 낸 관동대지진 이후 최대의 피해를 가져다 준 직하형 지진이었다. 이 지진의 위력은 히로시마廣島 원폭의 100배 이상이었다고 한다. 폐허 지역을 복구하는 데 15조 엔에서 20조 엔의 경비가 소요된다고 신문은 보도했다.

고베 지역은 일본에서 제일 살기 좋은 곳, 옛날부터 지진과는 상관없는 가장 안전한 지역으로 알려져 있었다. 그런데 바로 그 곳에 지진이 났고 폐허가 된 것이다. 더구나 절대로 무너지지 않는다고 자랑했던 고속도로가 500m 이상 처참하게 뒤로 넘어가 누워버렸고, 일본의 자존심이라 일컫던 신칸센新幹線 고속전철 노선도 맥없이 내려앉았다. 한 지진 전문가는 만일 이런 지진이 도쿄東京에서 일어난다면 최소한 100만 명 이상의 사망자가 나올 것이라고 예측했다.

소수의 교회 지도자들은, 이는 죄악이 관영한 도시에 대한 하나님의 심판의 징조라고 경고했다. 그러나 우리는 일본을 동정어린 눈빛으로 마치 바다 건너 불구경하는 자세로 바라본다든가 '그러면 그렇지' 하는 식의 마음을 가져서는 안 된다. 몇 가지 구호 물품이나 위로 메시지를 보내는 정도로 만족해서도 안 된다. 우리는 복음에 빚진 자로서 영적 아픔을 가져야만 한다.

일본은 하나님이 사랑하시는 나라이며 하나님의 백성이 가장 적은 나라이기도 하다. 전인구의 0.2%만이 주일 예배에 참석하고 있다. 하나님은 복음의 불모지인 일본 선교를 한국 교회에 맡기셨다. 우리는 이 말씀을 다시 음미해 볼 필요가 있다.

> 가령 내가 악인에게 말하기를 너는 꼭 죽으리라 할 때에 네가 깨우치지 아니하거나 말로 악인에게 일러서 그 악한 길을 떠나 생명을 구원하게 하지 아니하면 그 악인은 그의 죄악 중에서 죽으려니와 내가 그의 피값을 네 손에서 찾을 것이고 네가 악인을 깨우치되 그가 그의 악한 마음과 악한 행위에서 돌이키지 아니하면 그는 그의 죄악 중에서 죽으려니와 너는 네 생명을 보존하리라(겔 3:18-19).

만일 지진으로 사망한 고베 지역의 6천여 명과 함께 하나님 앞에서 심판받을 때 "너는 왜 예수를 믿지 아니 하였느냐?"는 준엄한 심문에 그 사람들이 "오 하나님이시여, 나에게 예수 믿으라고 말해 주는 사람도, 예수 믿는 방법을 가르쳐주는 사람도 없었습니다"라고 답변한다면 우리 한국 교회는 책임이 없겠는가? 우리는 일본 교회와 함께 일본을 품고 기도하며 지속적으로 복음을 전해야 할 것이다.

평화봉사단 - 마게도냐로 건너와 우리를 도우라!

고베(神戶) 지역 대지진을 겪은 일본인들이 또다시 이런 끔찍한 사건이 터지지나 않을까 두려워하고 있을 때, 한국 CCC에서는 평화봉사단 100여 명을 보내어 지진 현장에서 몸으로 봉사하게 하였다. 이들의 봉사를 지켜본 일본인들은 이렇게 간증했다.

감당할 수 없는 피해로 인하여 망연자실하고 있을 때, 한국 교회가 선한 사마리아 사람이 되어 현지까지 와서 상처 입은 우리를 위해 귀한 봉사로 섬겨주셔서 감사합니다. 그리스도의 사랑을 행동으로 보여준 이 일로 인해 한국과 일본의 우호가 증진되었습니다. 유니폼의 십자가에 새겨진 '네 이웃을 사랑하라' 는 말씀처럼, 봉사단의 활동을 통해 십자가의 사랑과 용서를 일본인들에게 보여줬습니다.

- 칸다 히로오 목사 : CCC의 New Life Japan 실행위원장

지금까지 눈에 보이는 것들을 자랑하며 살던 일본이 이번 지진으로 인하여 눈에 보이는 것들이 얼마나 불확실한 것인가를 배웠습니다. 좌절해 있는 우리에게 여러분이 주 안에서 보여주신 우정은 무엇과도 바꿀 수 없습니다. 정말 감사합니다.

- 니시노미아 교회 고다이라 목사

▲ 나고야 뉴라이프 단기선교 때 실행위원장 캐도 목사(오른쪽)와 함께

이번 'SM 2000 평화봉사단'은 현지 이재민들에게는 물론 우리 교포 교회 성도들에게도 큰 위로와 격려가 되었습니다. 몹시 지쳐 있던 우리를 위해 수고를 아끼지 않고 보여준 헌신적인 사랑은 결코 잊을 수 없습니다. 특히 이발에 재능을 가진 형제가 대원으로 와서 현지인들에게 큰 도움이 되었습니다.

-고베 동부교회 김덕화 목사

이번 지진은 일본 교회들에 교파를 초월한 협력 관계가 형성되게 함으로써 선교적인 차원에서도 큰 진보를 이루었습니다. 때마침 한국 교회의 평화봉사단이 현지에 파송되어 묵묵히 힘든 복구 작업을 도맡아 준, 국경을 초월한 그리스도의 사랑에 진심으로 감사했습니다.

－고베 이치바쿠 교회 목사, 지진대책 본부장

유니폼을 입은 봉사단 일행의 모습에 감동을 받아 눈물을 글썽이는 사람도 있었다. 어느 성도는 자기 몸을 아끼지 않는 한국 크리스천 젊은이들의 모습에 큰 감동을 받았다고 전했다.

*좋았던 점들

유니폼이 피해 지역 주민들에게 신뢰와 용기를 주었는데, 밝은 주황색에 큼직한 십자가 마크는 사람들의 눈을 끌기에 충분했다.
- 몸을 아끼지 않는 봉사로 행함 있는 믿음을 보여주었다.
- 단순한 구제금이나 구호 물자만 보낸 것이 아니라 몸으로 와서 봉사해 준 것이 공감대 형성에 크게 이바지했다.
- 개인이 침낭과 양식을 준비해 왔기 때문에 현지인들에게 부담을 주지 않았다
- 일본 크리스천들(목사와 평신도)에게 상당한 도전이 되었다.
- 100명의 대학생들이 어려움을 당한 이웃 나라, 그것도 역사적으로 '반일혐한'이라는 메울 수 없는 차이가 있는 나라를 도와주기 위해 현지에 왔다는 그 자체만으로도 커다란 의미를 담고 있다.

IMF와 고르반

한국 경제가 붕괴되어 IMF의 경제 신탁 통치에 들어갔을 때 인구 140만을 가진 K광역시 기독교연합회에서는 '두 가지 안 하기'를 결정했다. 한 가지는 '네온사인 안 켜기'였다. 백번 잘한 일이었다. 모자라는 에너지 절약을 위해 바람직한 조처요 현명한 결정이었다. 두 번째는 '선교 안 하기'였다.

조금 기쁘던 나는 너무 슬퍼졌다. 교회의 존재 목적은 선교를 위함인데 경제가 어려워 교회의 재정이 줄어든다고 해서 하나님이 기뻐하시는 선교를 중단한다는 것은 도저히 이해할 수 없는 결정이었기 때문이다.

국가 경제의 파탄은 교회 재정에도 영향을 미친다. 그러나 교회의 목적이 선교에 있음을 감안할 때 재정 문제로 선교하지 말자고 결정한 것은 '고르반'이다. IMF와 고르반! 부모를 공궤해야 하지만 그러고 싶지 않을 때 "이것은 고르반(하나님께 바칠 예물입니다)"라는 한 마디로 부모에 대한 의무를 내팽개쳤던 바리새인들의 행위와 다를 것이 없다.

한편 서울의 한 교회는 교역자들의 사례비를 10%씩 삭감한 돈으로 선교사들을 지원했다. 어떤 교회에서는 여타 경비를 대폭 삭감하고 그 비용을 선교비로 충당했다고 한다.

우리는 눈에 보이는 현상만 가지고 얼마나 많이 하나님을 제한하고 있는지 반성하고 회개해야 한다. 자기 입장에서 보면 가능한 일이

별로 없다. 돈도 사람도 여건도 여의치 못할 때가 많다. 그러나 만물을 거머쥐고 다스리시는 우리 주님의 입장에서 본다면 상황은 달라진다. 주님은 인생 문제의 만능 열쇠요 모든 대책이시기 때문이다.

모든 문제를 주님의 입장에서 판단하고 처리하고 의뢰해야 한다. 못 고칠 질병이 없으신 주님, 불가능을 가능케 하시고 없는 것을 있게 하시며 죽은 자를 살리시는 능력의 주님 편에 선다면, 우리는 범사에 승리하고 형통하지 못할 일이 없을 것이다. 주님께 겸손히 묻고 주님이 응답 주시는 대로 순종하면 우리는 백사만사를 처리해 낼 수 있는 것이다. 선교가 고르반이 되어서는 안 된다.

선교를 위해 태어난 사람

신학교 동기 가운데 아프리카 N국에 파송받은 선교사가 있다. 그는 특별한 섭리로 주님을 만났다. 자기를 구해 주신 주님을 위해 헌신하기로 결심하고 병역을 마친 후 신학교에 가려 했으나 이미 입학 시험이 끝나버린 후였다. 누가복음 18장의 과부처럼 떼를 써서 신학교에 입학했다. 수차례의 교무 회의를 거쳐 특례 입학한 것이다. 내가 신학을 늦게 하고 또 휴학하는 바람에 그와 신대원 졸업 동기가 되었다.

나이는 내가 훨씬 위였으나 우리는 다정한 친구가 되었다. 얼굴만 바라봐도 무엇을 생각하고 있는지 알 정도였다. 졸업 후 나는 전주에

▲ 복음의 4세대에 관하여 설교하며

서 목회하게 되었고, 그는 선교사 훈련을 받고 있었다. 1981년에 내가 담임 목사로 위임받을 때 그는 바쁜 일정을 접고 부인과 함께 참석했다. 일주일 후 그가 보낸 소포를 받았다. 샤넬 No.5였다. 내가 위임식을 마치고 예배당을 걸어 나올 때 그 향수를 내 발에 뿌리고 입맞추려 했는데 하객들이 너무 많아 그냥 돌아갔다는 유머러스한 내용과 함께, "이건 목사님을 위해 준비한 것이니 보내 드립니다"는 메모가 들어 있었다. 그의 마음이 너무 고마웠다.

그가 선교지로 떠나기 전 달부터 매월 일정액의 선교비를 보냈다. 내가 선교사로 온 뒤에도 그를 향한 선교비는 계속되었다. 그런데 얼마 후 그가 나의 일본 선교비를 보내기 시작했다. 소액이었으나 그의 형편을 알고 있는 내게는 어떤 헌금보다 소중한 것이었다. 나보다 더 어려운 처지일지도 모른다는 생각이 들 때도 있었으나 그만 두라 말하지 않았다. 선교사가 선교사를 위해 드리는 헌금이 그에게 더욱 넘치는 복의 근원이 될 수 있다고 생각했기 때문이다.

그는 사람 사는 세상에는 공짜가 없다는 사실을 몸으로 배운 사람이다. 콩 심은 데 콩 나고 팥 심은 데 팥 난다는 속담대로다. 사람이 무엇으로 심든지 심은 그대로 거둔다는 말씀을 더욱 실감하고 있다.

그는 현지인을 찾아다니며 전도하다가 교통 사고로 죽을 고비를 넘긴 일도 있었다. 선교 대회의 강사로 부름 받았지만 사양하였다. 현지인들에게 복음을 전하여 그들이 주님의 몸 된 교회를 세우기 전까지는 귀국하지 않기로 결심했다고 기도 편지에 쓰여 있었다. 다른 이들은 선교 보고니 세미나니 하며 본국을 안방 문턱 드나들 듯하지만 자기는 그럴 수 없노라고 했다.

선교의 두 팀을 보내고 검게 그을린 모습으로 귀국한 그를 만나 식사하면서, 나는 감동스러운 눈으로 그를 한참 바라보아야만 했다. 그는 선교를 위해 태어난 사람이라는 인상이 들 정도로 선교의 정도正道를 걷고 있는 모범적인 선교사다.

나는 진심으로 그를 존경하고 있다. 나는 그가 아프리카를 영적으로 되살릴 제2의 리빙스턴 같은 일꾼이 될 것을 기대한다. 그는 한국인의 기질인 은근과 끈기로 성경적인 선교의 모델을 현지에 남길 주님의 분신임을 나는 믿는다.

티끌 모아 태산

선교지에서 몇 년 지낸 후 한국 본부의 부름을 받고 일시 귀국했다. 주일을 맞아 친분이 두텁던 한 장로의 주선으로 양평동에 있는 어느 교회의 밤 예배를 인도하였다. 그 교회는 건축을 위해 동전 헌금을 모아 매주 가족별로 바치고 있었다. 나는 설교를 통해 선교의 긴급성을 강조하면서, 전주 D교회에서 시무할 때 한 성도가 매일 50원짜리 동전을 만 5년 모아 건축비로 헌납한 간증을 전했다. 그 교회의 목사는 광고 시간에 이렇게 말했다. "동전 모아 건축하고 지전으론 선교하자!"

그 교회는 온 성도들의 적극적인 헌신으로 아름다운 예배당을 봉헌하여 지역에서 손꼽히는 큰 교회가 되었다. 주님의 일이라면 무엇이든지 해드릴 수 있는 교회가 되었다. 하나님이 주신 복을 양손에 거머쥔 교회가 되었다는 말이다.

코제니小錢는 일본어로 잔돈, 적은 돈을 말한다. 나는 일본에 간 후 많은 필요에 직면하게 되었다. 주님께 기도하며 고정 항목 이외에 필요한 재정을 채우는 방법을 가르쳐 달라 했을 때 지혜가 떠올랐다. 코제니를 모으는 것이었다. 외출하여 돌아온 후에는 주머니 안에 있는 동전을 모두 모으기로 했다.

빈 병을 세 개 준비하여 500엔짜리는 통일 식량 기금으로, 100엔짜리는 선교 장학금으로, 50엔짜리 이하는 구제 헌금으로 쓰기로 작정하고 매일 실시하게 되었다. '치리모 츠모레바 야마토나루티끌 모아 태산'라는 말대로, 1년을 모으고 나니 상당한 액수가 되었다.

통일 식량 기금은 조국의 통일과 북한 동포들을 위해 필요할 때 헌납할 생각으로 그대로 모아오다가 북한에 젖염소 보내는 헌금으로 충당하여 수십 마리를 보냈다. 장학금은 지방에서 여름 수련회에 참석하는 일본 대학생들의 참가비를 보조하거나 뉴라이프에 참석한 팀원들 가운데 도와야 할 필요가 있을 때 지출하고 있다. 50엔짜리 이하는 6월, 12월에 기아대책본부와 월드 비전에 보내다가 지금은 기아대책에 연락하여 제3국의 어린이 하나를 입양하여 생활비 일부를 보조해 주고 있다. 진짜 티끌 모아 태산이라는 말을 실감하였다. 나는 지금도 이 일을 계속하고 있다.

편지

1991년 1월 초 일본 선교사로서 도쿄東京에 온 이후, 20여 년 동안 약 6,800통 정도의 편지를 받았다. 공문서에 불과한 것도 있으나 대부분이 선후배나 제자, 동역자들에게 받은 기도 편지가 주종을 이루고 있다. 그러나 친필 서신을 보내주신 분들도 계신다.

지금도 내게 커다란 격려와 도전을 준 사연이 있다. 존경하는 Y목사는 CCC의 선배였고 선교사로서도 큰 공을 세운 분인데 노령에도 불구하고 내 기도 편지에 늘 친필로 답해 주셨다. 간단한 사연이지만 그 속에 담긴 기대와 격려와 도전은 책 한 권을 읽는 것 이상으로 깊은 감동이 되었다.

또 한 분은 애양원에 계시는 L장로이다. 그분은 1977년 1월 김준곤 목사를 중심으로 19명이 40일 금식 기도를 마치고 보식하고 있을 때 달걀 400개, 벌꿀 두 통, 늙은호박 네 덩이를 집사 한 분과 함께 가지고 와 우리를 격려해 주신 분이다. 그분은 나의 기도 편지를 받고 매일 다섯 번씩 김준곤 목사를 비롯한 모든 간사들과 CCC가 파송한 선교사들을 위해 기도하면서 소득의 십의 5조, 6조를 드린다고 했다. 언젠가 내가 적은 용돈을 드렸는데 그것마저도 하나님께 바쳤다는 말씀을 했다.

그분은 하나님의 품으로 옮겨 가셨기에 지금은 친필 사연을 못 보내시지만 우리 주님의 면전에서 부족한 나를 위해 직소하리라 생각하면 가슴 벅참을 금할 수 없다.

또 한 분은 목포제일교회의 P장로이다. 전형적인 옛 글씨체로 다정하고 애절한 위로의 말씀을 써 보내 주셔서 읽을 때마다 눈물을 흘렸다. 조국에서 할 일도 많은데 언제까지 일본에 있을 거냐고 꾸중하면서도, 기도 편지를 통해 일본의 상황이 많이 달라지고 복음화의 가능성이 보인다는 사실에 크게 기뻐하기도 했다. 일제 강점기에 교육을 받은 분으로서 일본인이 예수 믿기가 얼마나 어려운지를 잘 알고 있기에 불가능하다는 결론을 내리고 있었으나 나의 편지를 읽고 자신의 관점이 잘못 됐다고 말씀하시기도 했다.

이 세 분이 나의 일본 선교 사역에 얼마나 큰 영향을 미쳤는지 다른 동역자들도 알아주었으면 하는 마음이다. 선교는 결코 선교사 혼자 하는 사역이 아니다. 아말렉과 싸울 때 여호수아는 군대를 몰고 일선에 나가서 전쟁을 수행했지만 모세는 산 위에 올라가 기도했다. 손이 내려가면 이스라엘이 지고 손이 올라가면 이겼다. 아론과 훌이 모세의 좌우에서 그의 손이 내려가지 않도록 붙잡아 준 사건은 너무도 유명한 실화이다.

위로와 격려의 편지! 간단한 사연일지라도 선교지에서의 갈등과 경제적 어려움, 자녀 교육 등의 스트레스로 인해 힘들어하는 일선 선교사에게 보내진 한 장의 편지는 잠언 25장 25절의 말씀대로다. "먼 땅에서 오는 좋은 기별은 목마른 사람에게 냉수와 같으니라."

잃어버린 영혼을 위하여

1950년대부터 대구에서 발행된 기독교 월간지 〈승리의 생활〉은 성경 외에 별다른 신앙 서적이 없던 당시의 한국 교회에 많은 영향을 끼쳤다. 나는 대학 생활을 하면서 또 전도자의 삶을 살면서 이 잡지를 통해 많은 격려와 도전을 받았다. 그 가운데서 실화 한 토막이 지금도 생생하게 기억난다.

인도의 어느 미션병원에 다윗이라는 12세 소년이 기관지 천식으로 응급실에 실려 왔다. 65세의 노련한 의사가 담당이었다. 진찰하고 바로 입원시켰지만 생명이 위급한 상태였다. 다음날 퇴근 직전 마지막

회진이라는 판단 아래 그의 병실에 들렀다.

소년은 헐떡거리면서도 당돌하게 말했다. "선생님! 선생님 목숨을 제 목숨과 바꿀 생각은 없으세요?" "지금 네 나이가 몇이냐?" "12살이에요!" "그래? 내가 지금 65살인데 네 나이로 돌아가서 다시 살아간다면 그건 끔찍한 일이다. 바꾸지 않겠다." "그래요? 저도 바꿀 마음이 없어요!" "그건 왜 그렇지?" "사실은요, 어젯밤 이 병원에 입원할 때 '하나님! 제 나이 수만큼 12사람을 꼭 전도하게 해 주세요'라고 기도했어요. 저는 기독교 방송을 듣고 예수님을 믿은 뒤로 이 곳에 오기 전까지 누나들과 형들, 친구들을 전도한 후 드디어 우리 부모님까지 전도해서 모두 11명을 믿게 했어요. 그리고 어젯밤 입원했을 때, 당번 간호사 누나에게 전도했더니 예수님을 믿었어요. 저는 12년 동안 모두 12명을 전도했는데 선생님은 지금까지 몇 명이나 전도하셨어요?"

의사는 한방 얻어맞은 기분이었다. 착잡한 심정으로 귀가했는데 다윗 소년이 임종했다는 전화가 왔다. 돌아오는 주일은 그의 생일이었다. 부인과 나란히 앉아 예배를 드렸다. 부인이 보니 남편이 평소보다 훨씬 많은 헌금을 드리는 것 같아 귀가하면서 물었다. "여보! 오늘 당신 헌금을 많이 한 것 같던데요?" 그 의사는 탄식하면서 말했다. "허참! 다윗 소년은 일 년에 한 명씩 12명의 영혼을 하나님께 바쳤는데 나는 1년에 1달러씩 계산해 겨우 65달러를 바쳤지만…… 그것이 하나님께 무슨 도움이 되겠소?"

선교 현장에서 인생의 황금기를 다 보내고 은퇴 직전에 있는 이

의료 선교사의 고민은 나를 비롯한 모든 선교사의 공통적인 고민이어야 한다. 많은 교회를 개척하고 문맹 퇴치를 위한 학교를 세우는 일, 의료 시설이나 고아원과 양로원 등 좋은 건물을 지어 구제 사업을 하는 일도 매우 중요하다. 그러나 이런 모든 사역들은 잃어버린 영혼을 건져서 주님께 돌리겠다는 구령의 열정을 전제로 추진되어야 한다.

일본은 최고의 문명국으로 자부심이 강한 나라다. 고아와 과부, 장애인들을 위한 시설보다는 잃은 영혼을 구체적으로 찾아나서는 일에 집중해야 한다. 그리스도 밖에는 구원이 없다는 진리를 다양한 방법으로 설명하고 접근하지 않으면 소득이 없다.

경제적 여건이 어려운 나라에 파송되어 복지 시설을 통해 전도하는 동역자들을 볼 때 존경의 염을 금치 못한다. 신학교를 세워 일꾼을 키우는 동역자들 또한 존경스럽다. 방황하는 영혼을 찾아서 주님께 돌리려는 구령의 열정을 근거로 한 것이라면 어떤 사역이든 우리 주님은 모두 기뻐하시리라 믿는다.

내게 주어진 마지막 기회

1960년대에 한국 농구의 간판 스타이자 동양 선수권자였던 박신자 선수를 CCC의 월간지 〈청년〉 기자가 만났다. "당신은 시합 때마다 어떻게 그렇게 많은 점수를 획득해 팀을 승

▲ 찬양비전팀의 순회 공연 중 오키나와 바닷가에서

리로 이끌 수 있었습니까?"라는 질문에, "나는 코트에 올라갈 때마다 '이것이 내 선수 생활 마지막 시합이다'라는 각오로 최선을 다하기 때문입니다"라고 답하는 인터뷰 기사를 읽으며 받은 감동은 지금도 생생하다.

그녀는 농구를 통해 동양과 세계 무대에서 국위를 선양한 별이었다. 감각과 재능을 타고나는 것도 중요하지만 내게 마지막 시합이라는 각오로 힘을 다해 코트를 누볐기에 다른 사람이 흉내낼 수 없는 성적을 낸 그녀가 자랑스럽기 그지없다.

한국 교계에 신선한 충격을 주며 주님을 기쁘시게 해드리고 있는 Y목사는 강단에 설 때마다 '오늘이 내게 주신 마지막 시간이다'라는 각오로 말씀을 선포한다고 했다. 그는 암과 투쟁중이다. 목회하면서

5부_ 선교는 나무를 심는 것과 같다 **177**

섬기는 교인들과 외부 사람들로부터도 차마 입에 담을 수 없는 모함과 비방과 위협을 받았다. 그러나 최후까지 주님 앞에 당당히 서고자 갖은 모함 속에서도 주님만 바라보며 목회를 하고 있다.

목사라면 이런 각오 없이 설교할 수 있겠느냐고 자신 있게 말할 수 있는 이가 얼마나 될까? 나는 그렇지 못했다. 부족함을 느끼면 '좀 더 잘해야지' 하는 각오로 단을 내려올 때가 많았다. 말씀을 선포하기 위해 등단할 때마다 Y목사처럼 이것이 마지막이라는 각오로 선포했다면 아마도 숱한 기적이 일어났으리라.

한국 강단을 사수해 온 많은 선배 목회자들이 일사각오로 말씀을 전했기에 오늘의 한국 교회가 존재하게 되었다는 것은 부인할 수 없는 사실이다. 일제 강점기나 한국전쟁 당시 공산 치하에서 순교한 믿음의 선진들과 불의를 일삼는 정권에 야합하지 않고 최후까지 순국 정신으로 교회를 사수해 온 분들의 존재에 나는 깊이 감사한다.

선교 현장에서 나는 과연 이런 각오로 일하고 있는가? 박 선수의 시합에 임하는 자세, Y목사의 주님 앞에서의 자세는 나의 귀감이다. 부끄럼없이 최선을 다하는 종이 되고자 오늘도 새로운 각오와 결단을 한다. "주님! 지혜와 명철과 은혜를 주셔서 담대히 선포하게 하시고 가르쳐 지키게 하옵소서."

동일본 대지진 – 결코 바다 건너 불이 아니다

2011년 3월 11일 오후 2시 46분에 일본 동북 지역인 미야기宮城현을 중심으로 일어난 지진은 일본 역사상 가장 큰 '진도 9.0'이었다. 1만 6천 명 이상의 사망자를 내었고 행방불명자까지 합한다면 2만 명이 훨씬 넘는 희생자를 냈다.

1986년 구소련의 체르노빌 원전 사고로 암 등에 걸려 20만 명이 죽었다는데 후쿠시마福島 원전의 방사능 누출로 인해 앞으로 일본인 100만 명 이상이 원자병으로 죽을 것이라는 예상도 나오고 있다. 내가 살고 있는 도쿄는 진도 5의 지진이 발생하여 큰 피해는 없었으나 진도 3, 4의 여진이 수개월간 계속되었다. 이는 결코 바다 건너 불이 아니라 우리나라에서도 이런 사건이 얼마든지 일어날 수 있다는 생각이 든다. 이번 재난을 계기로 한국 교회가 주님 앞에 더욱 겸손한 자세로 기도하며 하나님이 주신 복음의 기회를 최대한 활용해 민족 복음화와 세계 선교를 위해 최선을 다하게 되기를 기도하고 있다.

갑작스런 지진으로 수많은 영혼이 순식간에 목숨을 잃었다. 복음을 듣지 못하고 이 세상을 떠나 지옥으로 끌려간 이 많은 영혼들의 피 값을 물어야 한다는 생각을 하면 소름이 돋는다. 이런 극한 상황에 처한 일본의 모든 교회와 선교사들과 선교 단체들, 그리스도인들에게서 먼저 회개가 일어나야 할 것이다. 그리고 일본인들이 통회하며 자복하고 우리 주님께 돌아와 잃어버린 자녀의 명분을 되찾아, 인류의 발을 씻기며 섬기는 주님의 청지기가 되어야 한다는 것이 나의 기도이다. 이재민들에게 우선은 음식물, 모포, 약품, 거할 집 등이 필요하다.

그러나 궁극적으로 절실한 것은 진정한 생명, 영생의 복음이다. 우리 한국 교회가 더욱 열심히 전도하여 일본인들이 주님 품으로 인도된다면, 한·일 양국은 선교의 동반자가 되어 지구촌 선교에 지진과 폭풍 같은 대역사를 이룰 수 있을 것이다.

동일본의 지진과 해일로 피해가 가장 심했던 현장을 3개월 후에 돌아보았는데 보도된 내용보다 훨씬 비참했다. 아직도 신원이 미확인된 시신들 6천여 구가 관에 담긴 채 체육관 등에 보관되어 있었다. 지진과 해일이 일어난 이후 방사능 피해가 전국 각 지역에서 보고되고 있기에 일본 열도의 주민들은 마음 졸이며 지켜보고 있다.

이번 지진과 해일이 동일본 지역을 덮쳤을 때, 한국에서는 재난 구조의 베테랑급 소방 공무원 100여 명이 파견되어 사생결단하고 그들을 도왔다. 그 이후 한국에서는 모금 역사상 가장 많은 구제금이 모금되어 생수 등 생필품을 무료로 현장에 공급하며 사랑을 전할 수가 있었다.

한국 교회뿐 아니라 세계의 모든 교회가 주님의 사랑을 몸소 보여 주었다. 앞으로 지난 동일본 지진보다 훨씬 큰 규모의 직하지진이 일본 열도를 덮칠 것이라는 보도가 지진 전문가들에 의해 보도되고 있다. 이런 위험이 또다시 일어나지 않도록 우리는 늘 깨어 기도해야 할 것이다.

팔은 안으로 굽는다?

내가 목회할 때 감비아 선교사 한 분을 후원했는데 그분이 우리 교회에서 선교 보고를 했다. 슬라이드로 현장을 보여주는 생생한 체험담이었다. 벌레 물린 자국이 부풀어올라오기에 헤쳐 보았더니 2cm 크기의 애벌레들이 꿈틀거리더라는 말에 성도들은 기겁했다. 그가 보여준 가장 야한 사진은 한 텐트 안에 젖가슴을 드러낸 채 앉아 있는 1호, 2호, 3호 부인의 사진이었다. 벌거벗은 사진은 한 장도 없었다. 왜 그런 사진은 없느냐고 물었다. "목사님! 제가 감비아를 사랑하기에 그들의 추한 모습을 보이고 싶지 않았어요"라는 대답이 돌아왔다. 나는 속으로 '당신이 진정한 선교사다'라는 공감을 갖게 되었다.

선교사들이 섬기는 나라에 대한 칭찬과 자랑이 많은 이유는 무엇일까? 팔이 안으로 굽기 때문이다. 선교사가 현지인을 전도 양육하려면 현지의 언어와 습관과 문화에 익숙해져야 한다. 그러다 보면 사고방식이나 생활 환경이 비슷해지고 결국 그들과 동일한 방식으로 살게 된다. 그럴 때 진정한 선교사가 된다.

선교의 금자탑을 세운 선배들은 모두 그렇게 살면서 선교했다. H. 테일러, A. 저스틴, 리빙스턴, 브레이너드도 삶을 통해 주님의 사랑을 증명해 보이고 그리스도의 지극한 희생을 몸소 보여주었으리라.

무슨 일에 종사하든지 자기가 섬기는 직장이나 일터에 애정을 가지지 않는 한 그는 여전히 이방인이다. 특히 이역만리 타국에 보냄 받은 선교사들은 목숨 걸고 현지인이 되어야 한다. 생각도 생활 방식도 같아져야 한다. 신토불이身土不二다. 나로 인해 일본이 주님의 몸종이 될 수만 있다면 더 이상 바랄 것이 없다.

한·일 간에 스포츠 경기가 있을 경우 한국을 응원하고 있는 나를 발견한다. 그러나 일본이 다른 나라와 싸우면 당연히 일본을 힘차게 응원한다. 왜 그런가? 왜 그래야만 하는가? 팔이 안으로 굽기 때문이다. 일본을 진심으로 사랑하는 선교사로 살고 싶다.

참 선교사의 모범인 P목사

한국 외항선 선교회와 한센병 환자분들을 위해 수고하던 젊은 목사가 소명을 받고 1980년대 중반에 일본에 왔다. 한국의 K교단에서 보수 정통 신학을 공부하였으나 일본에서 다시 신학을 공부하는 동안 신실한 배우자를 만났다.

그가 개척한 지 5년 되었을 때 나는 일본에 왔다. 출신 교단이 다르고 나보다 훨씬 더 젊은 분이었지만 의기투합하여 깊은 교제가 이루어졌다. 나는 그가 개척한 두 번째 교회에서 여러 번 설교했다. 또한 세 번째 개척한 교회에서는 내가 주일 오후에만 2년간 전임으로 봉사하기도 했다. 그는 일본 D교단에 가입한 선교사였다.

역사는 100년이 훨씬 넘었지만 홋카이도北海道에는 그 교단 소속 교회가 하나도 없었다. 홋카이도 지구 개척을 위해 여러 지역 출신의

▲ 단기 선교 참석한 교회에서의 낮 설교

목사들에게 권했지만 가겠다는 후보는 아무도 없었다. 고민하던 교단 지도자들은 P목사에게 "당신은 이미 교회를 셋씩이나 개척했으니 제발 홋카이도에 교단 교회를 세워 달라"고 간청했다. 두 주간 부인과 기도한 후 그는 기꺼이 승낙했다.

교단은 1993년에 삿포로札幌 시에 2층 건물을 구입해 주고 사역하게 했다. 개척 4년 만에 200평의 대지를 구입, 연건평 126평의 예배당을 건축했다. 6년 후에는 삿포로에 인접해 있는 에베츠江別 시에 백 평의 대지를 구입하여 연건평 132평의 예배당을 지어 개척했다. 세 대학의 한가운데 세워진 그 교회는 해마다 여름과 겨울에 잘 훈련된 한국 CCC 대학생들을 초청해 전도했다. 개척 6년 만에 35명의 신자가 예배드리는데, 그 가운데 15명이 대학생이다.

그 후 홋카이도 동쪽에 위치한 구시로釧路 시에 또 개척 교회를 세웠다. 5년 전에 건물을 구입하여 헌당식을 했다. 그가 홋카이도로 간 17년 만에 그 곳에는 D교단 소속 교회가 15개로 늘어났다. 어느 누구도 상상할 수 없는 대역사를 이룬 것이다. 현재 오비히로帶廣시에 4번째 개척 교회를 세울 준비를 하고 있다. 그곳으로 이사한 한 성도의 가정에서 지금 가정 집회를 하면서 교회의 기초를 닦고 있다.

나는 그와 23년간 교제하면서 이분이야말로 참 선교사요 진정한 목회자라는 사실을 깨닫고 그를 만날 때마다 감동을 받는다. 그는 삼위 하나님의 마음에 꼭 드는 종이요 주님과의 교제가 아주 깊은 기도의 사람이며 양 무리를 자기 몸보다 더 사랑하고 아끼는 주님의 종이다. 나는 그 교회 성도들을 만날 때마다 "당신들 참 행복한 분들입니다"라고 말한다.

그와 함께 사역하는 선교사들도 참 복 받은 분들이다. 동역자들을 얼마나 아끼는지 모른다. 누가 아프다고 하면 몇 시간씩 달려가 위로하고 자기 몸으로 익힌 민간 요법으로 치료해 준다.

나는 그를 만날 때면 다윗과 요나단의 우정이 이런 것이 아닌가 생각하게 된다. 나는 이런 선교사가 일본의 주요 지역에 한 분씩만 있어도 일본 복음화는 빠른 시간 안에 이루어질 것이라 확신한다. 선교사의 본분이 무엇이며, 어떻게 해야 우리 주님을 기쁘시게 해드리는 것인지를 그는 몸으로 보여주고 있다.

기쁨을 함께 나눌 수 없는 슬픔

1992년 가을, 부모님을 뵈러 가는 길에 목포에 들러 후원 교회를 방문했다. P장로가 선교위원장을 대신해 점심을 대접해 주었다. 원로 장로이며 일제 강점기에 고생도 많이 했던 그는 일본인에 대해 이런저런 충고도 잊지 않았다.

둘째 셋째 딸과 함께였으므로 식탁에는 네 사람이 앉게 되었다. 아이들에게 "정성껏 준비한 식탁이니 맛있게 먹어라"고 말하는 내 모습을 보더니 "참 아름다운 광경입니다. 좋은 아버지에 귀한 딸들입니다"라고 미소지었다.

"나는 40세 때 상처했습니다. 초등학교를 졸업하는 딸이 성적 최우수상을 비롯하여 네 개의 상을 탔습니다. 학교에 가서 딸을 자전거에 태워가지고 오는데 너무 슬퍼서 눈물을 주체할 수 없었습니다. 달리는 자전거 위에서 양볼을 타고 흘러내리던 눈물이 뒤에 탄 딸의 얼굴에 떨어졌습니다. 딸이 물었습니다. '아빠! 나 상탄 것 안 기뻐? 왜 울어?' 이렇게 기쁜 날, 먼저 간 아내를 생각하며 눈물이 난 것인데 어린 딸이 어찌 내 마음을 알랴 싶어 더욱 서러웠습니다. '기쁠 때 기쁨을 함께 나눌 수 없는 슬픔'을 너무도 진하게 체험했습니다."

이 말을 듣는 내 가슴은 저려왔다. 어떤 철학자의 입에서 저런 말이 나올 수 있으랴 싶었다. P장로는 말했다. "자식 농사는 평년작만 되어도 풍작이라는데 김 목사님은 딸 셋을 너무도 아름답게 키우셨으니 대풍이십니다." 하나님이 긍휼과 자비를 베푸셔서 큰 허물없이 자라게 하신 것뿐이기에 황송한 마음이었다.

P장로는 섬기는 교회에서는 물론 다른 교회 성도들에게도 교회를 어떻게 섬기는지를 몸으로 보여준 귀감이 되셨다. 그는 누구보다도 소중한 나의 영적 후원자다. 나의 기도 편지에 매번 분에 넘치는 격려를 해주셔서 여러 번 넘어질 뻔한 환경 가운데서도 다시 일어설 수 있었다.

그는 늘 생의 마지막을 어떻게 장식할까에 대해 염려하며 기도한다고 했다. 부디 장수하면서 선교 전선에서 수고하는 종들에게 위로와 격려를 주는 주님의 도구 되시라고 기도드렸었는데, 아주 아름다운 임종으로 가족은 물론 성도들에게 큰 감동을 주고 그 나라로 개선하였다. 참으로 본받고 싶은 분이다.

절망과 희망의 차이

말 한 마디로 천 냥 빚을 갚는다. 말의 중요성에 대한 교훈이다. 말에는 사람을 살리는 생명의 언어도 죽이는 사망의 언어도 있다. 어릴 때 아낙네들에게 "저놈은 빼빼 마른 수수깡처럼 키만 커서 아무 짝에도 쓸모없는 놈이여"라는 말을 듣고 자란 어떤 이는 신학을 마치고 미국으로 유학 가서 8년이 되었어도 학위를 못 끝내고 빌빌거렸다고 한다. 그때 한 미국인 여학생이 "너는 핸섬하고 참 멋있는 남자야"라고 했다. 그 말에 자신감을 얻어 10년 만에 학위를 끝내고 귀국해 후진 양성에 힘썼다고 한다.

아낙네들이 무심코 뱉은 말은 사망의 말이었고, 미국인 자매의 말은 사람을 살리는 생명의 말이었다.

도쿄東京의 어느 교회 한국어부에서 철야 예배 때 한 청년이 찬양을 인도했다. 모두 열정적으로 찬양했고 눈물을 흘리며 아멘으로 화답하기도 했다. 성령께서 역사하시어 분위기도 아주 좋았다.

그런데 잠깐 쉬는 동안 그 교회의 담임 목사가 청년에게 말했다. "찬양 인도하는 모습을 쭉 지켜봤는데 너는 찬양에 대한 은사가 없다. 다음부턴 찬양 인도는 하지 마라." 그 목사는 사망의 말을 쏟아놓았다. 찬양 인도한 장본인에게 이보다 더 큰 상처를 주는 말은 없다. "참 수고했구나. 생각했던 것보다 잘했다. 그러나 이것저것을 고치면 아주 잘 인도할 수 있겠다. 열심히 분발하도록 하라"고 했다면 그 청년이 얼마나 큰 용기를 얻었겠는가?

용기를 북돋워주고 격려하지는 못할망정 모함하고 헐뜯고 끌어내리는 일은 그만해야겠다. 일본의 교회 지도자들이 일본은 안 된다고 말할 때마다 나는 그들에게 가능성이 무한하다는 사실을 일깨우며 다음과 같이 격려하곤 한다. "하나님께서 일본인들의 구원을 기뻐하시므로 하나님의 입장에서 하나님의 마음을 품고 열심히 전도하면 일본은 반드시 복음화될 수 있습니다." 그들은 눈시울을 붉히며 고맙다는 말을 잊지 않는다.

일본은 어찌 보면 희망이 없어 보인다. 일본인들 중에는 자기네 나라가 갈 데까지 갔다고 생각하는 사람도 있다. 그러나 하나님은 그렇지 않으시다. 기술로 세계를 휩쓸던 일본을 복음으로 다시 세워 지구촌 만민을 섬기는 나라로 쓰시기를 기뻐하신다. 그럴 가능성은 얼마든지 있다. 하나님의 뜻이면 불가능은 없다.

하나님의 뜻을 묻고 주시는 응답대로 최선을 다해야 한다. 일본 교회의 지도자와 성도들에게 용기를 북돋워줌으로써 자국민 복음화에 앞장서도록 해야 한다는 말이다.

열정과 감격을 잃어버린 죄

인도에서 사역하던 어떤 여선교사는 수십 년간 열심히 어린이들을 집중적으로 전도했다. 유아원, 유치원을 통해 장차 그 나라의 미래를 움직일 일꾼 양성에 최선을 다했다. 새 학기에 그 지방의 장관 딸이 유치원에 입학했다. 참 조심스러운 아이였다. 어느 날 성경을 가르치는 시간에 그 선교사는 그리스도의 십자가의 고난에 대하여 담담한 심정으로 설명해 주었다.

수십 명의 아이들이 한자리에서 이야기를 들었는데 장관의 딸이 갑자기 울기 시작했다. 선교사는 당황했다. 만일 아이가 자기 아빠에게 그녀가 예수님의 이야기를 한 것을 고발하면 힌두교의 나라 인도에서 추방될 가능성이 있었던 것이다. 점점 더 서럽게 우는 아이를 품에 안고 울지 말라며 달랬다. 가까스로 울음을 그친 아이는 선교사의 품에 얼굴을 묻고 말했다. "예수님이 나 때문에 죽으셨다니…… 너무 눈물이 나요!"

그녀는 오랜 세월 감동 없이 그리스도의 고난을 전했던 자신의 사역을 돌아보게 되었다. 독생자를 이 땅에 보내신 하나님 아버지의 사랑, 아버지의 뜻을 따라 모든 권리를 포기하고 스스로 십자가를 지고 구속의 대업을 이루신 예수님의 사랑, 이 모든 사실을 낱낱이 증거해 주시는 성령님의 사랑을 그저 직업적으로 전하기만 했던 자신의 부끄러운 선교 사역을 회개했다.

수년 전 일본에 온 어느 교단의 증경 총회장은 주님을 향한 헌신의 열정과 감격을 잃어버린 죄를 선교사들 앞에서 회개하며 눈물을 흘렸다. 안수 받고 처음 집례하는 성찬식을 눈물 쏟으며 인도하던 시절은 이미 먼 옛날의 사연이 되어버리고, 그저 행사의 집행자로 전락한 자신을 질책하며 참회하는 모습에 나도 뜨끔했다.

선교사니까 의례적으로 말씀을 전하고 예배를 인도한다면 인도의 그 여선교사와 하나도 다를 것이 없다. 나를 포함한 모든 선교사가 주님을 향한 사랑을 회복하고 늘 초심을 잊지 않도록 최선을 다해야 할 것이다. 이는 주님과 동행하는 우리 모두에게 해당되는 이야기가 아닐까?

선교의 십계명

2005년 10월, 하와이에 3주간 선교 여행을 했다. 베이스

▲ 신삿포로 교회에서 어느 집사가 가져온 축하 케이크

캠프의 설치를 위해 기도하고 있는 한국 선교사에게 조금이라도 격려가 되었으면 하는 심정으로 초청에 응했다. 캠퍼스에 나가 전도도 하고, 정기 집회나 순장 리트릿에서 개인 상담도 했다. 1958년에 창립된 한국 CCC를 통해 주님이 학원 전도와 민족 복음화, 그리고 세계 선교에 어떻게 역사하셨는가에 대한 간증도 들려주었다. 현지 교회에서 말씀을 전하고 부흥사경회도 인도했다. 현지 성도들을 심방해 은혜를 나누며 일본 선교를 위한 기도도 부탁했다. 그러나 무엇보다도 그 선교사의 가족과 주님의 사랑을 나눈 것이 큰 소득이었다.

우리 부부는 100년의 역사를 가진 연합감리교회의 게스트 룸에 머물렀다. 이은철 담임 목사와 일본 선교에 대한 의견을 나누고 나오다가 교육관 입구에 걸린 액자에 눈이 멈췄다. 선교의 십계명이었다. 읽어 내려가면서 나는 숙연해졌다.

선교의 십계명

1. 선교는 건물이 아니라 사랑이다.

2. 선교는 돈으로 하는 것이 아니라 믿음으로 하는 것이다.

3. 선교는 입으로 하는 것이 아니라 몸으로 하는 것이다.

4. 선교는 머리로 하는 것이 아니라 무릎으로 하는 것이다.

5. 선교는 내가 하는 것이 아니라 하나님이 하시는 것이다.

6. 선교는 조직으로 하는 것이 아니라 생명력으로 한다.

7. 선교는 혼자 하는 것이 아니라 함께하는 것이다.

8. 선교는 현재를 보고 하는 것이 아니라 미래를 보고 하는 것이다.

9. 선교는 일시적인 것이 아니라 지속적인 것이다.

10. 선교는 떠들며 하는 것이 아니라 조용히 하는 것이다.

우리는 과연 합당한 선교를 하고 있을까? 선교는 성경만큼 길고 오랜 역사를 가지고 있다. 구약에서 최초의 선교사는 아브라함이다. 그는 하나님이 "갈대아 우르를 떠나 내가 네게 지시할 땅으로 가라"고 하실 때, 일언반구의 대꾸도 없이 순종하여 자신이 가진 모든 것을 버리고 고향을 등졌다.

그는 믿음의 조상이 되었으나 인간으로서 감당하기 어려운 시련을 겪었다. 100세 때 얻은 아들을 번제로 드리라는 명령 앞에서 망설임 없이 아들을 데리고 사흘 길을 걸어서 모리아 산으로 갔다. 재로 변한 아들을 하나님이 능히 살려내실 것이라는 믿음을 가지고 있었기에 그렇게 할 수 있었다. 그 이후 오고 오는 모든 세대에 부름 받은 예언자들도 그의 후속타로서 선교사였다.

신약 시대의 최초 선교사는 예수님이시다. "하나님과 동등 됨을 취할 것으로 여기지 아니하시고" 이 땅에 오셔서 "자기 몸을 비어 종의 형체를 가지사 십자가에 죽기까지 복종하신" 주님은 영원한 선교사상 宣教師像을 구체적으로 보이셨다. 사도들, 속 사도들, 그 이후 하나님의 뜻을 이 땅에 전하기 위해 부름 받고 지구촌에 흩어져 복음을 전한 모든 분들은 다 선교사다.

이 시대를 사는 우리는 이 선교의 십계명을 음미하면서 진정 하나님이 원하시는 선교를 위해 마음과 정성을 아낌없이 바쳐야 한다.

선교는 나무를 심는 것과 같다

2007년 여름, 홋카이도北海道의 단기 선교가 진행될 때 단장 목사가 환영회 석상에서 "선교는 나무를 심는 것과 같다고 생각합니다. 당장 열매를 얻기 어려울지라도 계속 인내하며 심은 씨가 싹이 터서 자라기를 기다리면 언젠가는 풍성한 열매를 거두게 될 것입니다"라고 말했다.

뉴라이프 초창기부터 일본 선교에 발 벗고 나선 이 목사는 주를 향한 헌신의 열정이 언제나 불타는 귀한 사역자다. 내가 몇 번씩 좌절하고 고민할 때마다 격려해 준 천금같이 귀한 멘토요 코치요 동역자이다.

일본이 지상에서 전도하기 가장 힘든 나라 중 하나라는 사실은 주지하는 바이다. 시간과 정열과 재정을 쏟아부어도 결과가 없는 일본 선교! 고국을 떠나 일생을 바쳐 헌신했건만 이렇다 할 결과를 얻지 못한 선교사들의 고충이 얼마나 컸을까? 사역비의 고갈로 인한 생활의 어려움과 자녀 교육 문제는 차치하고서라도 생을 바쳐 전도했건만 열매가 보이지 않을 때의 그 좌절감은 어떠했을까?

선교사로 만 20년 이상을 사역한 내게도 그들이 겪었던 고통은 피할 수 없는 함정이었다. 하지만 선교는 인내의 싸움이니 계속 뿌리다 보면 언젠가는 싹이 나고 자라나 꽃피고 열매 맺을 그날이 올 것을 믿기에 오늘도 여전히 전도할 기회를 엿보며 기도하고 있다.

"선교는 나무 심는 것과 같다"는 말은 진리다. 최후까지 일본 선교 전선을 지키면서 고독하기 그지없지만 씨 뿌리는 작업을 계속하리라. 나의 당대에 열매를 못 얻는다면 나의 후대가 거두고, 그 후대도 거두지 못하면 후대의 후대가 거두게 되리라! 나는 다만 주님이 정해 놓으신 그때를 바라보며 씨 뿌리는 작업을 계속해 가련다. 주님이 나를 기쁘게 받아주시리라 믿으면 힘이 솟는다.

6부

예수 청년으로 살아온 발자취

오하요 고자이마스카?

일본에서 말 배우며 선교나 일반 직종에 종사하는 사람 치고 일본어로 실수한 적이 없는 사람은 하나도 없을 것이다. 나는 일본에 간 지 3개월 후에야 일본어 학교에 등록하여 '아이우에오'부터 공부를 시작했다. 큰딸아이가 밥 해주려고 3개월 동안 일본에 와 있을 때였다. 가와사키川崎의 어느 한국인 교회에서 주일 낮 설교 부탁을 받고 딸과 함께 예배에 참석했다.

요코하마橫浜의 항구가 아름답다는 말을 들어온 터라 예배 후 바닷가를 산책하다가 사진을 찍게 되었다. 오후 세 시쯤이었다. 촬영해 준 청년에게서 카메라를 돌려받으며 자신 있게 "오하요 고자이마스!"라고 했다. 고맙다는 말 "아리가토 고자이마스"라고 한다는 것이 그만 "오하요 고자이마스"아침 인사로 "안녕하세요"라고 내뱉은 것이다. 그러나 이건 그렇게 큰 실수가 아니다.

나보다 몇 달 먼저 온 한 자매 간사는 룸메이트 둘과 아파트에 살았다. 늦잠 자는 동료들을 깨워 예배를 드리려는데 아무리 기다려도 나오지 않자 그녀는 자매들의 방을 향해 소리 질렀다. "오하요 고자이마스카?" 일본인 자매들은 그 말에 화들짝 놀라며 일어나, 태어나서 처음 듣는 일본어에 배를 잡고 웃었다. "일어나지 않을 거야?!"라는 뜻으로 엉뚱한 일본어를 만들어낸 것이다. 한동안 그녀의 별명이 "오하요 고자이마스카?"가 되어 버렸다.

한국에 처음 복음이 전파되던 시절에도 진짜 재미있는 에피소드가 많았다. 축호 전도를 하던 한 선교사는 문 밖에 서서 "개조심 씨 계십니까?"라는 말로 전도를 시작했다. 문에 붙인 '개조심'이라는 글귀를 문패로 착각한 것이다. 닭털을 뽑다가 놓친 한 선교사는 수수깡 울타리 사이로 도망간 닭을 찾아 이웃집에 갔다. "아주머니, 방금 벌거벗은 부인 닭 못 봤습니까?"라고 말해 아주머니의 배꼽을 뽑은 일도 있었다. 우리는 닭 잡을 때 목을 비트는데 미국인들은 산 채로 털을 뽑는다고 한다. 또 어떤 선교사는 한국어를 6개월 동안 배운 후 사냥하러 가서 꼴 베는 소년에게 이렇게 물었다고 한다. "이 산에 꿩이 많이 계십니까?"

언어 습득은 힘든 일이다. 실수해 가면서 익히게 되는 것이 외국어다. 일본인이 한국어 배우는 일은 우리가 일본어 배우는 것에 비해 열 배도 더 어렵다고 한다. 일본어에는 모음이 다섯 개밖에 없어 한국어를 발음하기 어려워서 그렇다. 우리 딸들의 이름이 부르기도 외우기도 쉬운데 일본어에는 [여]라는 발음이 없는 탓에 "희영, 주영, 세영"이 "희욘, 주욘, 세욘"이 되어 버렸다.

목사의 사명

한국 목사들은 담임의 경우 주간에 최소 10회 이상 설교한다. 나는 여러 교역자들과 동역했지만 세미나 사경회를 인도하기 위해 교회를 비우는 경우나 헌신 예배 때 외에는 한 주

▲ 단기 선교 중 교회 순방 설교

간에 최다 13회에서 17회 설교했다. 당회원들이 그렇게 해주기를 원했고 나도 그것이 도리라고 생각했기 때문이다. 당시에는 컴퓨터가 일반화되지 않아서 원고를 친필로 기록해야 했다. 이것은 힘든 일이기도 했으나 나 개인의 영성과 성장에 대단히 소중한 과정이었음을 선교 현장에서 절실히 깨닫게 되었다.

자지도 쉬지도 못하고 제때에 먹지도 못하는 것이 한국 목사들의 일상이다. 일본 목사들은 큰 교회를 제외하고는 일주일에 한 번 설교한다. 수요일은 기도회, 목요일은 성서 연구회를 갖는 경우가 많다. 따라서 일본 성도들은 일주일에 설교를 한 번 듣는다.

내가 매주 열 번 넘게 설교했다고 하면 일본 목사들은 혀를 내두르며 "그렇게 하고서 살 수 있었느냐?"고 의아해할 뿐 아예 믿으려 하지 않는다. 자매 결연을 맺고 현해탄을 넘나들며 한국 교회의 형편을 직접 본 분들은 내 말이 사실임을 수긍한다. 그리고 목회자들이 이런 수고를 마다하지 않고 교회를 섬기기 때문에 한국 교회의 오늘이 있었다는 사실을 인정한다.

목사의 사명은 무엇인가? 여러 가지 있으나 가장 중요한 것은 역시 설교다. 그러니 설교해야 할 목사가 매주 남의 설교를 들으면서 신앙생활을 한다는 것은 쉽지 않은 일이다. 내가 소속한 일본 CCC는 원칙적으로 단독 목회를 못하게 되어 있다. 다른 교회로부터 설교 요청이 없는 주일에는 아내와 함께 일본인 교회나 한국인 선교사가 목회하는 교회에 가서 예배를 드린다. 그런데 그 교회의 목사가 부담스러워하는 눈치가 보일 때, 나는 설 자리를 잃고 만다.

설교해야 할 목사가 남의 설교를 들으며 선교한다는 것은 생지옥이라는 결론을 내리게 되었다. 설교하지 않으니 설교를 준비할 필요가 없고, 따라서 성경 연구 시간도 줄어들어 영성이 떨어져 가고 있는 셈이다. 이것이 교회가 아닌 선교 단체 사역을 하는 선교사의 아픔이라면 기쁨으로 감내해야 하리라 생각은 하면서도 늘 아쉬움이 남는다.

홈리스들과의 2년간

1991년에 일본에 첫발을 디딘 후 도쿄東京 시내에 홈리스들이 3,800명 정도 된다는 사실을 알게 되었다. 전국의

550개의 공원에는 어디나 홈리스들이 진치고 있다.

내게 2년간 1994~1995 홈리스들을 대상으로 전도할 기회가 주어졌다. 매주일 오후 1시에 스미다隅田 공원의 강변 산책로에 있는 140m 정도의 길에 노숙자들을 4열에서 12열로 앉히고 예배드렸다. 500여 명의 홈리스들이 모였다. 가스펠 송과 찬송을 차트에 기록해 읽어주면서 함께 찬미하고 서투른 일본어로 설교했다. 한 시간 예배드리고 나서 준비해 온 식사를 공궤했다.

한국인과 결혼한 일본인 장로가 이 강변 전도의 모든 경비를 부담했다. 그는 아오모리青森에서 부동산 중개업을 하는데 경기가 형편없는 와중에도 매월 한두 건씩 계약이 되어 이 예배의 모든 비용을 부담했다.

전도사인 그의 부인은 나와 함께 진두지휘하였다. 목요 모임은 그의 부인이 맡았다. 매주 토요일 10만 엔의 경비로 정성들여 음식을 장만한다. 떠돌이 생활하다 예수님을 영접하고 새 사람 된 형제 7~8명이 교회에 마련된 숙소에 기거하면서 수종들었다. 오전에는 이 형제들을 위한 예배로, 오후에는 강변 예배로 드렸다. 예배 후에는 한국 K 의료선교회에서 제공한 의약품으로 일본인 전문의가 의료 봉사를 했고, 나는 이발을 담당했다. 수백 명 이상에게 이발을 해주면서 그들을 섬겼다. 서툴지만 3부, 5부, 8부 하이칼라도 할 수 있게 되었다.

홈리스의 구성원도 가지가지다. 일하기 싫어서 거리의 사람이 된 경우도 있으나, 죄 짓고 형무소에서 몇 년간 보내고 출소해 보니 가족도 회사도 흔적 없이 사라져버려 어쩔 수 없이 홈리스가 된 사장도 있었다. 교수였으나 마약과 음주로 인격 파탄자가 되어 집에서 쫓겨나 거리의 방랑자가 된 자도 있었다. 두목을 하다가 후배들에게 밀려난 야쿠자도 있었다. 긴 시간 수술한 뒤 피로를 풀기 위해 모르핀 주사를 맞기 시작한 것이 결국 마약 중독자로 전락한 유명한 전문직 의사도 있었다. 공원을 지나다 보면 머리를 좌우상하로 흔들면서 앉아 있는 사람들이 있다. 대부분 마약 중독자로서 마약 기운이 떨어져 걷지도 서지도 못하고 의자에 앉아 그러고 있는 것이다.

그들은 실제 나이보다 15세나 더 늙어보였다. 이발해 주면서 두상이 아주 잘 생긴 사람이 많아 "당신 머리 아주 잘 생겼는데요?"라고 말을 걸면 "아, 그렇습니까? 고맙습니다"라고 답한다. "머리가 아무리 잘 생겨도 예수 안 믿으면 지옥 갑니다"라고 하면 "네, 알았습니다. 예수 믿겠습니다"라고 대답하며 몸을 부르르 떨기도 했다.

한 가지 슬프고 유감스러운 것은 한국서 몇만 원씩 하는 오리털 침낭을 사다가 무상으로 나눠주면 그것으로 자기 몸을 덥히는 것이 아니라 500엔이나 천 엔에 팔아 술 한 잔 마시고 마는 모습을 볼 때였다. 하지만 앞자리에서 예배드리는 자들은 은혜를 사모하는 모습으로 점점 변해 갔다.

예수 믿고 은혜 받으면 두드러지게 변하는 것이 있는데 흑갈색의 얼굴이 해맑아진다는 것이다. 담배를 매일 한두 갑씩 피우던 니코틴 중독자들도 하루에 한두 개비로, 나중에는 완전히 금연하게 되었다. 팔뚝을 걷어보면 주사바늘 자국으로 성한 곳이 안 보이던 사람들도 은혜 받고 나면 주사바늘 자리들이 없어지는 것도 보았다. 동역자들과 함께 2년 동안에 약 350명에게 세례를 베풀었다. 모든 것이 하나님의 놀라운 은혜일 뿐이다.

첫 번째 일본어 설교

일본어 '초급 1' 과정을 마치고 '초급 2' 과정을 시작할 무렵, 사역으로 인해 잠시 일본어 학교를 쉬게 되었다. 1992년 여름, 교토京都 복음자유교회에서 말씀을 증거해 달라는 부탁이 왔다. 나의 일본어 실력을 알고 있던 그 교회 목사는 아마도 큰 모험을 감행했을 것이다.

일본어로 정성껏 원고를 준비하고 일본인에게 교정을 부탁했다. 히라가나부터 배우기 시작한 지 16개월 만인 8월 둘째 주일 낮 예배였다. 37분간 70여 명의 신자들 앞에서 말씀을 전했다. 이마에서도 등에서도 식은땀이 줄기차게 흘러내렸다. 예배 후 교회 성도들이 설교를 통해 받은 은혜를 나누어 주었다. 뉴라이프 간사이關西 지역 총무였던 그 목사는 예배 후 실행위원장 목사에게 전화하여 "김안신 목사가 일본어로 설교했는데 성도들이 큰 은혜를 받았다"고 흥분된 어조로 전했다.

교토에서 설교한 후로 나는 담대하기로 결단하고 다음과 같은 원칙을 세웠다. "설교 부탁을 받으면 절대 사양하지 않는다. 강단을 달라고 해서라도 설교한다." 출장을 갈 경우 반드시 한 번 이상 말씀을 전하고 돌아온다. 비록 서툰 일본어지만 성령께서 부어주시는 은혜를 신뢰하며 자신 있게 말씀을 선포하게 되었다.

미타카 학생 센터

일본 땅을 밟은 후 2년 동안, 언어와 씨름하며 사역에 대한 구체적인 대안도 없이 허송세월한다는 생각이 들어 견딜 수 없는 고독감에 휩싸였다. 내가 할 사역에 대해 사인을 달라고 떼쓰며 기도하기 시작했다. 3개월 조금 지난 어느 날 밤, "학생 아카데미 센터를 구하라!"는 주님의 구체적인 지시가 떨어졌다. 당시 일본 CCC는 아직 회관이 없어서 학생들의 정기 모임이나 간사 모임도 여러 교회를 빌려서 하고 있었다. 도쿄東京의 한복판에 큰 건물을 짓는 아이디어가 떠올라 동료 한국 간사에게 번역을 부탁해 열심히 읽는 연습을 한 뒤 일본 CCC 간사 모임에서 브리핑했다. 무반응이었다. 다음 달 모임에서 또 설명했으나 간사들은 여전히 꿀 먹은 벙어리들이었다.

주님께 기도하며 다시 씨름하였다. 조금 작은 규모로 계획을 수정하여 다음 회합에서 발표했다. 일본 CCC 대표가 "나루호도! 소레와 데키루!과연! 그건 가능하다!"며 손뼉을 쳤다. 모두 동감했다. 그 자리에서 학생 아카데미 센터를 짓기로 결의하고 모금에 들어갔다.

일본 CCC의 정기 모임, 가을 수련회, 여름 수련회 등에서 기회가 주어질 때마다 학생들에게 동기 부여를 하고 함께 기도할 것을 요청했다. 학생들은 학교 축제 때 바자를 해서 헌금을 바치기도 하고, 조금씩 작정 헌금을 하기도 했다. 뉴라이프에 참석한 한국 대학생들도 매해 동전 헌금남이 일본 동전을 다 헌금함을 바쳤다. 우리 부부도 허리띠를 졸라매 생활비를 아껴 헌금했고, 교회에서 설교 후 받은 사례비는 고스란히 센터를 위해 바쳤다.

그로부터 오랜 시간이 지났다. 강산이 한 번 변하는 세월이 흐른 2004년에, 긴 시간 동안 드린 기도의 응답을 받게 되었다. 10여 년 동안 모아진 헌금과 CCC가 소유하고 있던 작은 사무실을 매각한 비용, 그리고 뉴라이프에 참여한 여러 교회들의 헌금으로 정성을 모았다. 그리하여 도쿄 미타카三鷹역에서 5분 정도 떨어진 곳에 50평의 대지를 구입, 4층 건물의 센터를 봉헌하게 되었다.

일본 교회의 형편을 감안해 볼 때 대출 없이 현찰로 건물을 지은 것은 완전히 기적이었다. 이 건물을 지은 후 일본 CCC는 드디어 2009년에 종교 법인을 취득하게 되었다.

여리고 작전

삿포로札幌에서 2년 반 사는 동안, 집을 나와 이발소를 기점으로 우회전한 뒤 초등학교를 지나 복음관 교회에 도착하여 새벽 예배를 드렸다. 끝나면 반대편으로 우회전하여 집으로

▲ 사론 발레단 단원들의 삿포로 전도 대회 때 공연

오는 여리고 작전을 펼쳤다. 2,200보 전후의 거리였다. 도쿄로 돌아간 후에도 뉴라이프 준비를 위해 삿포로에 갈 때마다 복음관 게스트 룸에 머물면서 여리고 작전을 이어갔다. 물론 뉴라이프 기간에도 이 작전은 계속되었다. 저출산으로 인해 언젠가는 이 초등학교도 비게 될 날이 온다는 것이 나의 지론이다. 만일 그렇게 될 때 통일교나 창가학회남묘호렌게교에서 학교를 인수해 자기들의 센터로 쓸 경우 이 지역은 어떻게 될 것인가? 상상만 해도 끔찍한 일이 아닐 수 없다.

나는 새벽 예배에 참석하는 성도들에게 "이 초등학교를 교육청에서 매매할 경우 반드시 복음관 소유가 되도록 해야 합니다. 강당은 예배당이나 체육관으로 쓰고 실버 타운, 종합 병원, 세미나실, 도서실, 선교신학 대학원, 선교사 훈련 센터, 선교 안식관, 시민 상담실, 요리 교실, 외국어 학원 등을 운영해야 합니다. 우리가 받아들일 준비가 되어 있지 않다면 결코 우리의 소유로 만들 수 없습니다. 그러니 큰 믿음을 가지고 이 초등학교를 비롯한 전 지역을 성도들의 삶의 터전으로 만들어야 합니다"라고 역설하며 강조했다. 지금도 몇몇 자매들은 새벽 예배를 마치고 반드시 이 구역을 돌아서 귀가한다는 말을 전해 듣곤 한다.

소천한 미츠하시三橋 목사의 후임으로 온 큰아들 엘리야 목사의 증언에 의하면, 여리고 작전을 폈던 그 지역에서 많은 이들이 신앙 생활을 시작했다고 한다. 흩어져 살던 교인들이 교회 근처로 이사하여 살게 되면 교촌敎村이 된다. 우리가 사는 지역에서도 여리고 작전을 펼치며 주님의 비전을 이룰 준비를 해야 할 것이다

가장 아름다운 이별

어려서부터 노래를 좋아하던 아내는 주님을 믿고 나서는 언제 어디서나 주님을 찬양하였다. 1974년 2월 MBC가 주최한 콩쿠르에 엑스플로 74 준비팀과 함께 출전하여 금상을 탔다. 아내는 성가대와 CCC 중창단 단원으로서 주님께 영광 돌리려는 일편단심으로 봉사했다.

아내의 찬양에 은혜 받은 분들이 음반을 내라고 제안하기도 했지만 본인은 아직 멀었다며 사양했다. 사실은 재정적인 여유가 없었다.

그런데 장욱조 목사와의 섭리적 만남을 통해 한·일 양국어로 '영혼의 찬양'이라는 CD와 테이프를 제작하는 은혜를 입었다.

6년째를 맞은 오키나와沖繩 뉴라이프 기간 중인 2003년 1월 22일 오후, 다섯 번째 찬양 콘서트가 나하那覇 침례교회에서 열렸다. 아내가 찬양 세 곡을 부르고 내가 메시지를 전한 다음 다시 두 곡을 부르고 결신 초청을 하기로 했다. 그런데 아내는 세 곡째를 부르다가 그만 앞으로 쓰러졌다. 바로 구급차에 실려 15분 후에 종합병원 집중치료실로 옮겨졌다. 전문의들이 최선을 다 했으나 지주막하출혈 4단계에 이른 상태를 뒤집지는 못했다. 쓰러진 지 만 이틀 5시간 만인 24일 오후 7시 50분, 58년 9개월간의 삶을 마감하고 그렇게도 사모하던 주님의 나라로 개선했다. "나는 찬양하다가 하나님 품으로 옮겨가고 싶다"고 입버릇처럼 말했었는데 그대로 되었다.

아내는 무명 전도자 생활 5년째로 접어든 나와 1967년 4월 21일에 결혼했다. 자지 못하고 먹지 못하며 쉬지 못하는 고달픈 삶의 연속이었지만, 35년 9개월 동안 함께 살면서 한 번도 가난에 대해 불평하지 않았다. '거룩한 가난은 변장된 축복'이라며 부족하기만 한 내가 전도자와 목회자, 선교사로서 사명을 감당할 수 있도록 잘 도와주었다.

참으로 어려운 생활이었지만 딸들은 CCC 간사가 부자인 줄 알고 어린 시절을 보냈다. 엄마 입에서 "가난해서 못 살겠다. 돈이 없으니 안 된다"는 부정적인 말을 한 번도 들어본 적이 없어서이다. 후배와 제자들은 아내와 만나 대화하다 보면 고민이 해결되고 주님이 바라시는 길을 알게 되어 그 길을 자신 있게 걸을 수 있게 되었다고 입을 모아 간증했다.

하나님의 종 된 선교사로서 찬양하다가 주님 품에 안긴 것은 사상 최고로 아름다운 인생의 마감이었다. 홋카이도, 도쿄, 후쿠오카 등지에서 왕림해 애도해 주신 목회자들과 지도자들은 이구동성으로 아내의 죽음에 대해 "일본 선교를 위한 거룩한 순교자로서 한 알의 밀알이 되었다"고 말했다. 유골을 그 곳에 두기를 원해 오키나와 세계 선교 교회의 납골당에 안치했다. 아내는 찬양하다 하나님 품에 안기고 싶다던 소원을 성취했지만 남겨진 나와 세 딸아이들에게는 현실적으로 너무나도 아픈 이별이었다.

재혼으로 인도하심

나에겐 최상의 돕는 배필이었던 아내가 주님 나라로 개선한 이후, 가장 힘든 것을 들라면 다음의 세 가지였다. 첫째는 말 상대가 없는 것이다. 일상의 대화가 별로 중요하지 않아 보여도 사실은 그렇지 않다는 것을 깨달았다. 이러다가 벙어리가 되지 않을까 걱정이 될 정도였다.

둘째로 힘들었던 것은 생활의 리듬이 깨지는 것이었다. 책을 읽기 시작하면 깊은 밤까지 계속되었고, 컴퓨터 앞에 앉으면 또 '가거라 세월아'였다. 안전 장치가 빠져버린 듯한 시간들이었다.

셋째로 힘든 것은 '자유가 없다'는 점이었다. 한국에서 파송된 간사들을 돌보는 것이 나의 사역 중 하나였는데 독신 자매들이 상담을 요청할 경우 자유롭게 만날 수 없었다. 결혼이란 한 가지에 매임으로써 모든 것에서 자유하게 되는 것이다. 여자가 결혼하면 남편인 한 남자에게 매임과 동시에 모든 남자에게서 자유하게 된다. 남자가 결혼하여 한 여자에게 매이면서 동시에 모든 여자에게서 자유하게 된다는 의미이다. 이런 자유가 내게는 없어져버린 것이다.

딸들의 권면이 있었고 또 선교사의 임무를 감당하기 위해서는 내조자가 필요하다는 결론에 재혼을 생각하고 있었지만, 모아 놓은 재물도 없고 일본 선교사로 나와 있으니 재혼하기 어렵겠다는 생각이 들었다.

그러던 중 감사하게도 주님이 예비하신 배필을 만났다. 셋째딸의 신학교 동기생 전도사가 "13년 전에 교통사고로 남편을 잃고 남매와 살고 있는 영아부장 권사가 계시니 한·번 만나게 해드리자"고 한 것이 계기가 되어 다시 가정을 이루게 되었다.

아내는 아이들과 고령의 어머니와 형제들, 친구들, 익숙한 생활을 뒤로하고, 두말없이 일본으로 와 주었다. 믿음으로 쉽지 않은 결단을 해준 아내에게 고마울 뿐이다. 또한 놀라운 섭리로 귀한 배필을 다시 허락해 주신 하나님께 감사하고 있다.

예수 청년 김안신이여!

물댄동산교회 담임 이강로 목사

우리 한민족

우리 한국 기독교

우리 한국 교회의 사도 바울

어찌 그 이름 김안신이 아니랴!

"김안신 일본으로 가라

김안신 일본으로 가라 김안신 일본으로 가라"

나이가 오십이고,

장남이고, 부모는 팔순이고,

일본말은 전혀 못하고,

후원 선교사가 5명이나 되고……

그럼에도 모든 것을 내려놓고

하나님의 부르심에 무조건 순종하여

1년 4개월 만에 일본어로 유창한 설교하며

예순여덟의 나이에

반을 뚝 잘라 3학년 4반이라

우기며 여전히 일본 복음화를 위해

예수 청년으로 살아가고 있는 그대여!

"일본에서는 안 통한다"는 그 홍해 앞에

예수 믿고 40년 동안 성경을 보았지만

성경에 안 된다는 말을 읽어본 적이 없다 하여 길을 낸 그대여!

그대가 항상 메고 다닌

그 등 가방에는 "일본과 세계 만민의 운명이 들어 있어요"

그렇게도 절절한 선교 열정이

고국의 우리를 얼마나 가슴 설레게 하는지……

"만일 복음을 전하지 아니하면

내게 화가 있을 것이로다"는 사도 바울을

오늘, 이 현실에 만나게 한 그대!

어찌 그대,

21세기에 일본으로 보낸

사도 바울이 아니겠소!

21세기에 또 다른 복음의 원자폭탄

일본 전역에 투하하고 있는 그대

아, 복음의 사도여!

사랑의 용광로여!

영원한 예수 청년 김안신이여!

이 시는 일본 선교사 김안신 목사님으로부터 '선교, 그 사랑의 기도 편지'를 받아본 즉석에서 김 목사님의 선교의 피눈물을 남기고 싶어 적은 것입니다. 2008. 6. 7.

믿음의 아비 김준곤 목사님의 마지막 당부

내 삶 가운데서 가장 큰 사건을 꼽는다면 먼저는 내가 예수님을 만난 기적이고, 두 번째는 내게 예수님을 전해 주신 김준곤 목사님을 만난 은혜였으며, 세 번째는 김 목사께서 창설하신 CCC와의 숙명적 만남이었다. 한국의 1인당 GNP가 78달러였던 1958년 3월에 나는 대학생이 되었고, 그 해 10월 한국 CCC 창설 준비 모임이 광주에서 있었다.

당시 농대에서 밀알회가 조직되어 학내뿐만 아니라 광주 교계에 잔잔한 파문을 일으키고 있을 때 "대학생 하나 참석시키면 좋겠다"는 말씀을 들으신 윤남중 목사님이 밀알회 창립 팀원이던 내게 연락하여 첫 모임에 참석한 것이 계기가 되어 나는 한국 CCC와 깊은 관계를 맺게 되었다.

구원을 체험한 나는 전도하면서 겪었던 일화들을 김 목사님께 편지로 보내드렸는데 그때마다 이런 답장을 주셨다. "김 군이 그렇게 복스럽게 자라가는 것을 보니 전도자로서 보람을 느낍니다." 나는 전도자의 삶을 살면서 이 말씀을 100% 실감하였다.

5·16군사 쿠데타 후 학병으로 입대하여 544일간의 군복무를 마친 후 1962년 11월 30일부로 학생 간사의 발령을 받았다. 당시 전국적으로 모집하던 4급 공무원 시험에 합격, 대학 졸업 전에 발령을 받은 나는 서울 본부로 인사하러 갔다. "목사님! 기도해 주셔서 취직이 되었어요. 너무 감사하여 인사를 드리러 왔습니다." 글을 쓰고 계시던 김 목사님이 나를 쳐다보시면서 "뭐? 취직? 김군은 전도해야 돼!" 이 한 마디가 주님의 음성으로 들려 나는 발령장을 반납하고 '춥고 떨리고 배고픈 과'라고 일컬어지던 CCC의 간사가 되었다.

1990년 10월 1일, 일본 CCC의 선교사로 파송받은 이후로 김 목사님은 나를 만날 때마다 일본 선교를 위해 최선을 다하라고 늘 격려해 주셨다. 김 목사님은 "한국, 일본, 중국 등의 복음화 없이는 세계 선교는 불가능하다"는 결론을 내리고 우선 문이 열려 있는 일본부터 복음화하자는 생각으로 1991년 7월에 뉴라이프 2000을 기획하시고 그 해부터 여름과 겨울에 단기 선교팀을 보내주셨다. 일본말을 못하는 대학생들이 2주씩 전도하여 맺은 열매가 풍성함을 보고받은 자리에서 "아, 일본 선교도 가능하구나!" 하시며 눈물 흘리시는 김 목사님의 모습을 나는 여러 번 목격하였다.

김 목사님이 하나님의 부르심을 받기 열흘 전인 2009년 9월 19일 오후 5시 40분에 문병 갔을 때, 사모님이 옆에서 지켜보고 계시는데 여윈 손으로 내 손을 꼬옥 쥐시고 이렇게 기도하셨다.

▲ 함께한 가족

"사랑하는 주님! 김안신 목사를 위해 기도합니다. 딸들을 잘 키워 주님의 영광을 위한 도구로 쓰임 받게 하신 주님을 찬양합니다. 김안신 목사를 볼 때마다 선교사들이 받는 복이 무엇인지 알게 하심도 감사합니다. 특히 두 딸을 일본 선교사로 부르셔서 사역하게 하심을 깊이 감사합니다. 제가 58년 10월 광주에서 한국 CCC를 창설할 때 대학생 신분으로 참석하여 내 제자가 된 후 학생 시절부터 대학생 전도에 힘을 쓰더니 졸업 후에는 간사로 부름 받고 종을 도와 학원 전도와 민족 복음화 운동을 전국화시키고 대전충무체육관에서의 1만 명 전도요원 훈련 강습회를 비롯하여 엑스플로 74 등 굵은 집회를 성공적으로 이끌어준 이 종을 주님께 맡겨드립니다. '김군은 전도해야 돼!'라는 종의 말 한 마디에 안정된 취직 자리를 포기하고 민족 복음화를 수

종 든 종이었습니다. 90년 선교사 파송장만을 가지고 일본에 건너가 주님 기뻐하시는 사역을 하고 있습니다. 모금 등 열악한 환경에서도 제가 시작한 뉴라이프 운동을 맡아서 일본 열도에 새로운 영적 운동을 일으키고 있는 것, 다시금 감사합니다. 이 종을 더욱 귀하게 쓰셔서 기어이 일본 열도에 그리스도의 계절이 오게 하여 주시옵소서. 이 종의 사역을 통해 오키나와에서 북해도까지 일본 열도의 구석구석마다 복음이 전해지게 하시고, 일본인 가운데 한 사람이라도 복음을 듣지 못한 채 이 세상을 떠나는 일이 없게 하여 주시옵소서. 일본이 복음으로 변화되어 세계 선교에 쓰임 받는 나라가 될 때까지 결코 김 목사가 일본 선교 전선에서 물러나지 말게 하시옵소서. 일본 교회 지도자들을 더욱 겸손하게 섬기면서 복음을 수출하는 나라로 만들게 하소서. 일본인들이 복음으로 변화될 그날을 소망하며 예수님의 이름으로 기도합니다. 아멘!"

1958년부터 오늘에 이르기까지 내가 지켜본 김준곤 목사님은 눈물의 종이었고 기도와 금식의 종이었다. 지금은 그 나라에서 편히 쉬시면서 우리를 위해 기도하고 계실 김 목사님의 모습을 떠올리면서, 나도 남은 삶을 아낌없이 주님의 제단에 쏟아부을 각오로 선교에 임하고 있다.

| 에필로그 |

하나님은 사랑이시다. 예수님도 사랑이시다. 성령님도 사랑이시다. 삼위 일체이신 성부와 성자와 성령님은 곧 사랑이시다. 시작도 끝도 사랑이신 하나님의 무조건적인 사랑의 수혜자이면서도 하찮은 도구에 불과했던 내가 주님의 절대 명령을 받고 일본 선교사로 섬긴 지 20여 년. 일본을 향한 나의 사랑이 맹목적인 짝사랑이었다 하더라도, 일본 선교는 예나 지금이나 앞으로도 짊어지고 갈 십자가이자 내게 주어진 변함없는 소명이다. 하나님이 주신 각별한 사랑의 힘으로 언제나처럼 저 높은 곳을 향하여 나아갈 뿐이다.

한민족은 선교사의 자질을 가장 많이 타고났다. 우선 날씨 적응을 잘 한다. 영하 40도의 북극에서도, 영상 40도의 적도에서도 1년만 지나면 원주민같이 된다. 음식도 잘 먹는다. 절반 튀긴 바퀴벌레도, 곰 발바닥 요리도, 백년간 썩힌 달걀 요리도 문제없다.

문화 적응도 잘해 현지인들의 사고思考와 삶의 방식을 쉽게 터득한다. 언어에도 특별한 은사가 있다. 파운데이션을 잘 바르면 백인이 되고, 세게 그을리면 흑인이 된다. 한국인은 어디 가도 환영 받는다. IT 강국이다. 중남미, 아프리카, 중동에서는 현대 자동차를 타고 삼성 휴대폰으로 통화하며 LG 에어컨으로 냉방하는 것이 중산층의 꿈이 되었다는 말도 들린다.

지금은 주님 재림의 징조가 손에 잡힐 만큼 확실하다. 사도행전 1

장 8절 말씀을 완수해야 할 때이다. 지구촌에는 2만 4천 종족 70억이 살고 있다. 그 중 1만 종족은 아직 복음을 듣지 못했다. 예수님은 태어난 장소에서 200마일 밖을 나가 본 일이 없으시나 바울은 3차 선교여행과 로마에의 항해로 8만 마일 이상을 다녔다. 우리는 광케이블, 인터넷 시대를 살고 있다. 하루에도 수십만 마일의 선교 여행이 가능하다. 우리는 젊다는 이유 하나만으로도 천재요 이리떼Elite들이요 거룩한 악당樂黨들이다. 5대양 6대주는 우리의 교구다. 선교적인 측면에서 우리는 세계 만방의 모든 분야에 복음의 영향을 끼쳐야 한다.

주님은 "내가 누구를 보내며 누가 우리를 위하여 갈꼬"사 6:8라며 우리를 부르신다. 또 "마게도냐로 건너와서 우리를 도우라"행 16:9는 부르짖음이 메아리치고 있다. 우리는 "땅 끝까지 가라"는 주님의 명령을 거역할 수도 "도와 달라!"는 만민의 소청을 외면할 수도 없다. "내가 여기 있나이다 나를 보내소서!"사 6:8라는 결단만이 남아 있다. 좌우간 가든지 보내든지 해야 한다. 그리스도인은 선교사Missionary요 그리스도가 없는 사람은 선교지Mission field다.

일본은 하나님께서 세계 선교를 위해 특별한 사랑으로 남겨 두신 나라이다. 이 시대에 우리 주님께서 지구촌 만민 구원을 위해 도구로 쓰시려고 예비해 놓으신 나라임은 너무도 확실하다는 것을 여러 곳에서 보여주셨다.

말씀이 땅 끝까지 가기 위해 반드시 밟고 건너야 할 사마리아, 일본은 분명 사마리아 땅이다. 일본인, 일본 경제, 일본 기술 등을 복음화하여 주님이 마음대로 쓰실 수 있도록 저들의 마음을 변화시키는 일은 한국 교회의 책임이자 성도들에게 주어진 위대한 사명이다. 이 부름에 아멘하면서 하나님 아버지의 뜻을 이루어드리는 한국 교회가 되기를 바라는 마음 간절하다.

하나님의 지대한 사랑과 보살핌으로 《일본 선교의 빛과 그림자》가 그 모습을 드러내기까지 옆에서 지켜보며 격려해 준 가족과 친지, 편집을 조언해 준 둘째 아우, 이 소식을 듣고 자신들의 일처럼 기뻐하며 기도해 준 여러분께 감사한다. 특히 졸고를 기획·편집·출간에 이르기까지 정성 다해 애써주신 관계자 여러분에게도 깊은 감사를 드린다.

오직 하나님께만 영광을! Soli Deo Gloria!

부록

일본 단기 선교에 참여하는 형제 자매들에게
-열정과 명철, 그보다 지혜와 온유를

사랑하고 사모하는 한국 교회와 형제 자매에게 주님의 이름으로 그분의 사랑을 전합니다. 여러분이 '목사와 선교사의 무덤이요 전도가 자살한 나라'라고 알려진 영적 황무지 일본에 와서 주님의 영광을 드러낼 것을 생각하면 가슴이 설렙니다.

일본 교회들은 단기 선교 팀원들에게 큰 기대를 걸고 있습니다. 여러분의 선배들이 그동안 성실한 자세로 섬겼기에 일본 목회자나 성도들은 기쁜 마음으로 여러분을 맞을 준비를 하고 있습니다. 몇 가지 권면을 드리니 숙지한 후 현해탄을 건너오시면 많은 도움이 될 것입니다.

첫째, 마음가짐에 관한 사항

1. 배우고 섬기려는 겸손한 마음 자세가 무엇보다 중요

일본 교회가 적게 모인다고 얕본다든지 무시하면 큰일납니다. 저는 지난 20여 년간 일본 교회에서 많이 배웠고 지금도 계속 배우고 있습니다. 이 곳에 올 때 "배우러 간다"는 겸손함이 없이는 많은 것을 잃고 결국 빈손으로 돌아가게 됩니다. 그들의 겸손, 진실, 정직, 근면, 검약, 열심, 말씀에 대한 지식 등은 참 본받을 만한 것입니다.

2. 파송된 교회 담임 목사의 지시에 절대 순종

"순종이 제사보다 낫다"는 말씀을 굳이 인용하지 않더라도, 현지 교회의 목사에게 순종하는 것은 단기 선교의 첫걸음입니다. 이제까지 팀장과 선교 팀원들은 현지 교회 지도자들에게 순종했으며, 이것은 목사는 물론 성도들에게 큰 도전과 실물 교훈이 되었습니다.

중세 유럽의 어느 수도원에서 제자 되기를 원하는 두 청년에게 처음 주어진 시험은 배추심기였습니다. 한 청년은 원장의 말대로 꼬리가 하늘을 향하도록 심었고, 다른 청년은 원장의 말과는 정반대로 꼬리가 땅을 향하도록 심었습니다. 두 청년이 심은 것을 살펴본 원장은 두 번째 청년을 불러 말하며 돌려보냈습니다. "청년처럼 똑똑한 사람은 혼자 가서 사십시오. 당신은 선생으로서의 자격은 있어도 제자로서의 자격은 없습니다." 이것은 순종에 대한 테스트였습니다.

3. 물어가면서 가르쳐주는 대로 행동

일본인들은 좀처럼 쉽게 속내를 보이지 않습니다. 상대방이 맘에 안 들고 탐탁지 않아도 잘했다고 칭찬하거나 상냥하게 웃고 넘어갑니다. 액면 그대로 받아들이시면 큰 오해입니다. 그들은 상대방에게 피해를 주지 않도록 어려서부터 훈련되었습니다. 실수해도 잘했다고 할 만큼 상대방의 마음을 즐겁게 해주려고 합니다. 그러니 애매하거나 잘 모르는 것이 있으면 스스로 판단하지 말고 그때 그때 물어가면서 가르쳐주는 대로 행동하는 것이 좋습니다.

4. 서로 협력하고 연합하는 자세

이것은 단기 선교 팀원 상호간에 요구됩니다. 나보다 신앙이나 신체적 조건이 열악한 팀원들을 위해 마음을 쓰고, 특히 현지 교회에서는 몸이 비록 고단할지라도 청소나 설거지, 장보러 가는 일, 팀장이나 목사의 심부름을 기쁨과 감사함으로 감당하시기 바랍니다. 바울은 갈라디아 성도들에게 "너희가 무거운 짐을 서로 지라 그리하여 그리스도의 법을 성취하라"갈 6:2고 했습니다.

둘째, 의식주에 관한 사항

1. 복장에 관하여

요즈음은 거의 다 간편한 옷을 즐겨 입는 시대입니다만 특히 현지인들에게 덕이 되지 않는 복장은 삼가야 합니다. 너무 짧거나 화려한 것, 훤히 들여다보이는 복장은 금물입니다. 우리는 외모를 통해서도 주님의 영광이 드러나도록 옷매무새에 신경을 써야 합니다.

2. 식생활에 관하여

최근에는 일본인들 사이에서도 김치 등 한국 음식이 인기가 많습니다. 하지만 김치 냄새를 싫어하는 일본인들도 있으므로 김치를 가져오실 때는 포장에 신경을 써야 합니다. 어느 팀은 밑반찬을 너무 많이 가져와 교회에 두고 간 바람에 실턱을 하기도 했습니다. 근검절약이 몸에 밴 일본인들은 매사에 낭비하는 일이 없습니다. 코리언 나이트나 요리 강습회 때 사용할 재료고춧가루, 당면, 김, 양념, 각종 젓갈, 수정과, 식혜 등는 꼭 준비하기 바랍니다. 또 김치, 잡채, 비빔밥, 전 등을 만드는 법을 배워가지고 와야 합니다. 어떤 팀에서는 팀원들 가운데 요리를 할 줄 아는 사람이 하나도 없어서 당황한 일도 있었습니다.

일본인들과 함께 식사를 할 경우, 반찬을 집을 때는 젓가락을 반대로 하여 자기 그릇에 옮긴 후 드시면 좋습니다. 로마에 가면 로마의 법을 따라야 한다 생각하시고 조금 주의하면 됩니다.

3. 주거에 관하여

교회의 형편에 따라 교회의 시설이나 성도의 가정에서 홈스테이를 하면 샤워실, 세면대, 화장실, 주방에서도 물을 쓰게 됩니다. 일본의 주택은 오키나와를 제외한 거의 모든 지역이 목재입니다. 따라서 물이 시설에 그대로 묻어 있거나 사방에 튀면 건물에 문제가 생기므로 일본인들은 물 관리에 신경을 곤두세웁니다. 건물을 깨끗이 보존하려는 뜻도 있지만 다음 사용자에 대한 최소한의 기본 예의라고 생각하기 때문입니다. 몇 년 전에 오셔서 봉사한 어떤 팀은 좋은 인상을 남겨 한국인의 청결성에 대한 칭찬이 자자했었습니다.

또 교회에서나 성도의 가정에서 남의 물건전화, 복사기, 화장실, 성경 찬송, 필기 도구 등을 쓸 경우 사전에 양해를 구하고 사용해야 합니다. 사용한 물건은 꼭 제자리에 갖다 놓도록 하십시오. 신발도 집을 드나들 때 가지런히 돌려놓는 습관을 들이는 것이 좋습니다. 이부자리 등 잠자리 정리에도 최대한 신경을 써주기 바랍니다. 특히 전기나 수도를 사용한 후에는 반드시 끄고 잠가야 합니다. 일본인들은 아주 철저하게 물과 전기와 가스를 관리합니다.

셋째, 봉사와 인간 윤리에 관한 사항

1. 밝고 명랑하고 적극적인 모습을 끝까지 유지할 수 있기를

낯선 사람에게도 웃으면서 먼저 인사하기 바랍니다. 시간이 흐르면 피곤하고 짜증나는 경우도 있겠지만 최후까지 아름다운 모습을 유지하기 바랍니다. 여러분 속에 계시는 주님과 성령님의 모습을 늘 몸으로 보이기 바랍니다. 아무리 피곤한 경우라도 조금 전까지의 피곤은 끊어버리고 현재의 시간을 순간순간 살게 된다면 지치지 않고 승리할 수 있습니다.

2. 말은 천천히 하고, 묻는 말에 대답은 빨리 해야

묻는 말에 상대방의 대답이 늦을 경우 일본인들은 걱정합니다. 언제나 미소 띤 얼굴로 묻는 말에는 되도록 신속하게 대답하는 것이 좋습니다. 한편 할 말은 천천히 생각하면서 하십시오. 오아시스 운동을 생활화하면 좋습니다. 오-오하요고자이마스안녕하세요?, 아-아리가토고자이마스고맙습니다, 시-시츠레이시마스실례합니다, 스-스미마셍미안

합니다. 이 단어들만 잘 활용해도 인상 좋게 전도할 수 있습니다.

3. 이성 성도들과 개별적으로 만나는 일은 절대로 삼가기를

팀원 상호간에도 해당되고 현지인과의 만남에서도 마찬가집니다. 일본은 소돔과 고모라와 같이 성적으로 타락한 나라로 알려져 있으나 교회는 전혀 다릅니다. 교회는 이성 문제에 엄격합니다. 부부가 아닌 경우 특히 주의를 요합니다. 비록 사랑하는 사이라 할지라도 단기 선교 기간만은 인내하는 미덕을 보이기 바랍니다.

넷째, 신앙 윤리에 관한 사항

1. 신앙과 생활이 일치하도록 힘써야

예배 때나 주의 이름으로 봉사할 때는 신앙이 정금처럼 빛나지만, 실제 삶에서는 예수님과 상관없는 사람이 더러 있습니다. 24K 정금은 손목에, 손가락에, 목에, 장롱 속에, 시궁창 속에 있어도 정금입니다. 우리는 정금보다 더 보배로운 믿음의 소유자들입니다. 우리의 신앙이 단기 선교의 일상 가운데서도 정금으로 드러나기를 힘써야 합니다.

2. 절제의 은사를 잘 활용할 수 있어야

일본인들은 범사에 조용합니다. 합심 기도를 할 때 큰 소리로 할 경우도 있습니다만 대개의 경우는 주 앞에서 조용히 자기를 돌아보면서 기도합니다. 그러나 여러분들이 탄식하며 눈물로 기도하는 모습을 보는 일본 교인들은 누구나 감동합니다. 여러분이 광야같이 메마른 일본 땅을 걸어 다니며 눈물과 땀을 쏟아 적실 때, 그 땅에서 찬란한 복음의 싹이 돋아 언젠가는 주님을 위한 영광의 꽃이 피어 열매 맺게 될 것입니다. 그럴지라도 너무 늦은 시각이나 장소에 따라서는 큰 소리로 기도하는 것을 절제할 수 있어야 합니다.

3. 방언 문제에 대하여 한 말씀

일본은 복음파와 은사파카리스마, 자유주의 신학파, 여기에도 저기에도 속하지 않은 제4의 그룹이 있습니다. 복음파는 방언이나 예언 등의 문제가 나오면 아예 고개를 돌려 버립니다.

복음파 교회에서 사역할 경우, 우리는 방언의 은사를 사용함에 있어서 신중해야 됩니다. 은밀한 장소에서는 방언 기도를 해도 무방하지만 공석에서는 절제해 줄 것을 거듭 당부합니다. 이는 일본 선교를 위하고 일본 교회에 덕을 끼치기 위함입니다.

다섯째, 한·일 양국을 잇는 문화 사절단으로서의 사항

1. 민속놀이 도구를 준비해 오길

장작윷작은 윷도, 제기, 팽이, 부채춤, 강강수월래 등

문헌에 따라서 잘 준비해 가지고 오면 신자는 물론 불신자들을 모으기도 아주 수월합니다. 특히 어린이와 중고등 학생 전도에 큰 도움이 됩니다.

2. 민요나 동요, 고전 무용 등을 연습해 오길

'아리랑'이나 '나의 살던 고향'과 같은 노래는 재일 교포들에게 큰 반향을 일으킵니다. 민요에다 한복을 입고 고전 무용을 곁들일 수 있다면 금상첨화가 됩니다. 고전 무용이나 발레 전문가 또는 태권도 유단자가 있을 경우 그들의 도움을 받아 팀별로 열심히 준비해 오면 큰 도움이 됩니다.

3. 선물 준비에 신경 써주길

일본인들은 비싼 선물을 부담스러워합니다. 상대방이 부담을 느끼지 않도록 그리 비싸지 않더라도 정성이 담긴 선물을 가져오면 유익합니다.

여섯째, 당부이자 부탁
-다음 다섯 가지를 기억하고 실천해 주시길

1. 식생활은 팀원들이 자발적으로 해결해야

어떤 교회에서는 사모가 식사와 간식을 제공하느라고 너무 무리하여 단기 선교가 끝난 뒤 상당 기간 병상에 누워야 했습니다. 우리는 철저히 일본 교회를 섬기기 위해 가는 것입니다. 그러므로 모든 팀원들은 식생활을 스스로 책임진다는 다짐을 하고 준비하기 바랍니다.

2. 전도 대상자를 위해 기도를 많이 하고 오길

일단 접촉한 사람은 결신하지 않았더라도 태신자로 기도하면서 편지로 전화로 기도로 계속 접촉하기 바랍니다. 결신자는 두말할 것도 없이 양육해야 합니다. 선교 기간에 꼭 한 사람 이상씩 교회에 연결시켜 양육 받도록 미리 기도하십시오. "주님! 장차 일본을 변화시킬 제자 한 사람을 예비해 주셔서 전도받는 순간 결신하여 교회의 일원이 되게 하시고 귀국 후에도 계속 양육하게 하소서"라고 기도해야 합니다.

3. 가능한 한 일본어를 많이 익혀 오길

일본어를 열심히 공부하십시오. 의사 소통이 불완전한 관계로 좋은 기회를 놓칠 수가 있습니다. 사영리와 같은 전도 소책자를 일본어로 읽어줄 수 있도록 준비해 오시면 좋습니다.

4. 여러분은 그리스도의 편지요 향기임을 자각하고 오길

우리의 성경은 바이블이고 불신자의 성경은 우리신자입니다. 여러분이 일본에 와서 거리를 걸어 다니면 일본인들이 여러분의 행동거지 속에서 예수님의 모습을 보고, 여러분의 표정에서 예수님의 편지를 읽고, 여러분의 말에서 그리스도의 향기를 맡을 수 있도록 영적으로 완전무장하고 와야 합니다. "제가 밟고 다니는 땅도 복 받게 해주소서"라고 기도하면서 사역하면 놀라운 결과를 얻게 됩니다.

5. 각자의 신앙 간증을 간단 명료하게 준비해 오길

집회 때마다 믿을까 말까 망설이던 분들이 간증을 듣고 결신하는 경우가 많습니다. 간증은 예수 믿기 전의 생활, 믿게 된 동기, 믿은 후 받은 복을 기록하되 되도록 5~7분 이내로 준비하십시오. 간증문을 작성하되 리더에게 자문을 받아 수정·보완하여, 조리 있게 외워서 하면 훌륭한 전도의 무기가 될 수 있습니다.

여러분의 건강과 승리를 축원하며 주님의 사랑으로 사랑합니다. 샬롬!

일본 선교의 빛과 그림자
-그 가능성을 찾아서

초판 1쇄 발행 | 2014년 2월 25일
초판 2쇄 발행 | 2014년 5월 26일

지은이 | 김안신
펴낸이 | 임만호
펴낸곳 | 도서출판 크리스챤서적
주 소 | 서울 강남구 선릉로 112길 36 창조빌딩 2F (우: 135-867)
전 화 | 02)544-3468~9 **팩 스** | 02)511-3920
e-mail | holybooks@naver.com
등록번호 | 제 10-22호 **등록일자** | 1979년 9월 13일

책임편집 | 임영주
디자인 | 임흥순
제 작 | 임성암
관 리 | 정진수

Printed in Korea
ISBN 978-89-478-0300-7 03230

정가 10,000원

※잘못된 책은 교환하여 드립니다.